Christine Hamel

Puschkinkult in weißen Nächten

St. Petersburger Seelensprünge

Christine Hamel

Puschkinkult in weißen Nächten
St. Petersburger Seelensprünge

Picus Lesereisen

Picus Verlag Wien

Riccardo, dem ich meine Orte so gerne gezeigt hätte

3. Auflage 2007
Grafische Gestaltung: Dorothea Löcker, Wien
Umschlagabbildung:
Foto Christoph Püschner/Zeitenspiegel
Druck und Verarbeitung: Remaprint, Wien
ISBN 978-3-85452-770-0

Informationen über das aktuelle Programm
des Picus Verlags und Veranstaltungen unter
www.picus.at

Inhalt

Achterbahnfahren zum Geburtstag

Von den Auf und Abs einer Kapitale auf Zarenerlass, die ihr dreihundertstes Gründungsjubiläum feiert

> *»Die Liebe Gottes zu den Menschen äußert sich in dem großartigen, in Worte nicht zu fassenden ›Es geht ja doch‹-Prinzip.«*
>
> VIKTOR PELEWIN, *Generation P*

Die Wünsche der Petersburger geistern jetzt nicht mehr nur durch den Kopf, sie haben nun auch einen Ort in der Stadt. Im Hinterhof der Malaja Sadowaja uliza Nr. 3 fand unlängst ein bemerkenswertes Denkmal Aufstellung: ein Hündchen, gebogen und geschnitten aus Metall, dessen ästhetische Anstrengung auf eine herzallerliebste Putzigkeit hinausläuft. Man darf vielleicht nicht vergessen: Petersburg hat keine Kindheit gehabt, wurde wenige Jahre nach seiner Gründung gleich Hauptstadt. So sehr hier auch Kunst und Verstand auf den Hund gekommen sind, das Denkmal »Vorsicht, lieber Hund«, das für Wunscherfüllung Sorge tragen soll, steht ganz hoch im Kurs und an den Hauswänden beim fabelhaften Vierbeiner verschaffen die Petersburger kollektiv ihrem Herzen Luft: »Ich will eine Blondine«, fordert da einer in blauer Schreibschrift, der offenbar immer nur Brünette kennen lernt, »Wer gibt mir eine Wohnung?«, fragt Irina, die es vielleicht satt hat, mit den Eltern unter einem Dach zu wohnen, und so geht das weiter, über vier Wände. Einer hat in großen roten Druckbuchstaben über alle Wünsche hinweg geschrieben: »Ich will alles.«

So viel bombastische Bedingungslosigkeit war auch bei Peter I. mit im Spiel, als er zu Beginn des 18. Jahrhunderts auf die Idee kam, im sumpfigen Delta der Newa eine neue Stadt zu gründen, und entschlossen war, »aus einem Volk von Landratten ein Volk von Wasserratten zu machen«, wie Karl Marx spottete.

Wasser hatte in der Tat eine große Anziehungskraft auf Peter den Großen, nicht nur, weil er ein kerniges Naturkind war. Wasser, so dachte er, könne Russland wieder auf Vordermann bringen, Wasser sollte dem Land den nötigen Weitblick gewähren. Dass Russland sich dann als äußerst wasserscheu erwies, war nur eine Frage von Ukasen: Als Zar wusste Peter sein Volk zu Wasser zu verpflichten. Boris Groys nennt das einen »unikalen Akt der Selbstkolonialisierung des russischen Volkes«.

Ich will alles – von so viel Absolutheit war auch Peter der Große getrieben und als der urbane Auftakt St. Petersburgs, die Peter-Paul-Festung auf der Haseninsel, Kontur annahm, da schrieb der maritime Zar seinem Herzensfreund und Günstling Alexander Menschikow schon von »Himmel« und »Paradies«. Was will man mehr?

Diese gleichsam transzendierende Dimension, mit der Peter der Große über seine Stadt ins Schwärmen geriet, ist nicht zufällig. Zum einen waren da die vielen Arbeiter, die vierzehn Stunden in der hellen und zwölf Stunden in der dunklen Jahreszeit im Flussdelta schuften mussten, bis sie tot umfielen und der Sumpf sie verschluckte. Ein Drittel der damaligen männlichen Bevölkerung Russlands soll den Bau St. Petersburgs mit dem Leben bezahlt haben. Die vielen Opfer waren – vermeintlich – nur mit dem Versprechen einer künftigen Eins-A-Stadt zu rechtfertigen, einer Stadt gleich dem Paradies auf Erden. Zum anderen konnte nur der Himmel wissen, wie es weitergehen würde mit seiner Stadt, welche Formen sie annehmen würde und ob sie überhaupt noch Form bekäme. Peter der Große war da keineswegs so optimistisch, wie sein energisches Baugehabe hätte glauben machen können. »Ich weiß, die Menschen lieben St. Petersburg nicht, anzünden werden sie die Stadt und die Flotte, sobald ich tot bin, aber solange ich lebe, halte ich sie hier fest.« Manchmal erschien auch ihm eine Stadt auf 42 Inseln weit oben im Norden am äußersten Rand des Russischen Reiches als eher unwahrscheinlich. Dieses Oszillieren zwischen Auftauchen und Verschwinden, zwischen

Wirklichkeit und Fiktion wurde der Stadt zum Mythos, ein Mythos, der die russische Literatur wie nichts anderes beflügelt hat – bis Poesie und Prosa schließlich das reale Erscheinungsbild der Stadt überwucherten.

Der Eindruck, St. Petersburg könne nur eine Grille der Einbildungskraft sein, liegt nicht nur an der Entstehung aus dem Nichts, an der Haltlosigkeit einer voraussetzungslosen, in jeder Hinsicht aus der Luft gegriffenen Stadt. Die Empfindung einer hybriden Konstruktion – Puschkin nannte St. Petersburg einen »Traum in mitternächt'gen Landen« – ergreift einen auf Schritt und Tritt via Architektur. Straßen, Plätze, der urbane Raum erhielten hier den Status von Bühnenbildern, von Kunstwerken. Die Architekten der Stadt, Trezzini, Fontana, Rastrelli, Quarenghi, Montferrant, Rossi, kamen mehrheitlich aus Italien und müssen sich bei gleichzeitig sicherem Gespür für Bildgestaltung in der Weite St. Petersburgs wie befreit gefühlt haben. Jedenfalls ist eine weit ausholende Geste charakteristisch für ihr Bauen. Die absolut flache Ebene sowie Wasser im Überfluss provozierten geradezu weite Horizontalen, ja begünstigten die Ausbildung ganzer architektonischer Landschaften in der Horizontale, zwischen denen nur vereinzelte Vertikalen einen Akzent setzen wie die Nadeln der Peter-Paul-Kathedrale oder der Admiralität. Diese weiten Prachtperspektiven sind es, die einem in St. Petersburg immer mal wieder ein leises »wow!« über die Lippen locken.

Bis heute sieht man der Stadt die Bleistiftlinien an, die am Lineal entstanden sind. St. Petersburg, die nach Dostojewskij »erfundenste Stadt der Welt«, ist ein Ort der Vernunft, des mathematischen Kalküls: klare Linien, rechtwinkelig angelegte Achsen, in denen alle Häuser auf drei oder vier Geschosshöhen abgestimmt sind, bieten das Bild der schönen Regelmäßigkeit einer europäischen Idealstadt, das so schnell in ein Bild des schönen Scheins kippen kann. Das Leben in dieser Stadt haben indes immer handfeste Realitäten geprägt und die waren für die Bewohner St. Petersburgs, heute sind es fünfeinhalb Millionen, nicht gerade immer ideal. St. Petersburg wurde keine so bedeutende Hafenstadt, wie ihr Gründer sich das erträumt hatte, vielmehr musste sich die Stadt selbst in Navigation üben – in Katastrophennavigation. Die größte Tragödie unter vielen erlebte St. Petersburg im Zweiten Weltkrieg, als die Stadt 1941 bis 1944 neunhundert Tage durch die Deutsche Wehrmacht belagert wurde. »Ich empfinde nichts, wenn ich Petersburg dem Erdboden gleichmache«, erklärte Adolf Hitler einen Monat nach Beginn der Belagerung, bei der etwa eine Million Menschen den Bomben, vor allem aber dem Hunger und der Kälte zum Opfer fielen. Als der Spuk vorbei war, waren die Verhältnisse auch nicht so, dass man sich häuslich darin hätte einrichten können.

»Stadt, der Welt geöffnet« – so das Motto, mit dem St. Petersburg zum dreihundertsten Gründungsjubiläum 2003 einlädt, zu einem achttägigen Fest Ende Mai mit 180 Veranstaltungen zu Peter dem Großen, zum europäischen Einfluss, zur russischen Kultur und zum baltischen Raum. Doch bevor die Welt dieser Einladung folgt, hat St. Petersburg noch viel mit seinem Hausputz zu tun. Wo man sich auch umschaut: Fassadenkosmetik und Arbeiten unterhalb der Gürtellinie. Das eine oder andere Palais bekommt noch fix frische Farbe übergegossen, am Kai der Mojka werden Rohre neu verlegt – dazu muss man wissen, dass im Sommer regelmäßig das warme Wasser für vierzig Tage abgedreht wird, um die größten Rostlöcher in den Leitungen zu stopfen und die Warmwasserversorgung im Winter zu garantieren. Rohre und Sanitäranlagen sind in St. Petersburg meist so alt wie die prächtigen Bauten: Sie stammen aus dem 19. Jahrhundert. An der Kasaner Kathedrale bohren sich Bagger jaulend in den Grund, die Alexandersäule ist eingerüstet, die Peter-Paul-Kathedrale wird restauriert, der Alexandergarten vor der Admiralität ist hinter einem Bauzaun verschwunden, Senat und Synod machen sich fein und in der Millionnaja uliza, der Straße der Millionäre, zerreißen Presslufthämmer die Stille zwischen klassizistischen und barocken Stadtpalästen. Der Countdown bis zum Geburtstag, an dem St. Petersburg in alter, prächtig-berückender Herrlichkeit auftreten will, läuft. In der Malaja Sadowaja uliza, in der neuerdings auch miefigherziger Denkmalkitsch den öffentlichen Raum verstellt, hängt eine der Uhren, die über das ganze Zentrum verteilt die noch verbleibenden Tage bis zum 27. Mai 2003 anzeigen. Architekturhistoriker und Denkmalschützer führen nicht zu Unrecht gelegentlich Klage, dass unter so einem Druck wieder nur die Schauseite der Architektur erneuert wird, in eher grober, nur der Weitwirkung standhaltender Manier. Nach dem Geburtstag, so die Kassandra-Rufe, werde wieder Katerstimmung herrschen, kein Geld mehr für die Instandsetzung der maroden substanziellen Reste hinter funkelnagelneuen Fassaden bleiben. Aber solche Klagen verlieren sich in diesen Tagen der hektischen Vorbereitungen nur im allgemeinen Baulärm. Und dass der Asphalt für die teilweise kratergroßen Löcher auf Straßen und Gehwegen nur für die Prospekte rund um die Sehenswürdigkeiten reicht, ist eigentlich auch schon klar.

Es zählt, was großartig wirkt. St. Petersburg darf bei seiner Geburtstagsfeier schließlich nicht im Schatten des voll erleuchteten Moskau stehen, das 1997 sein 850-jähriges Jubiläum mit einem als »Jahrhundertspektakel« gerühmten Fest feierte. Und weil St. Petersburg von seiner ewigen Rivalin wirtschaftlich längst abgehängt wurde, das Moskauer Remmidemmi aber ohnehin nicht ganz Sache der Petersburger ist, setzt die Stadt alles auf den Triumph ihres Kunstsinns. Hinter dem Faible Petersburgs für Uhren, die gleich in mehreren Straßen ganz nach Art der Kinder die Tage bis zum Geburtstag zählen, kann man freilich nicht nur einen gewissen Infantilismus ausmachen, mit dem die Stadt möglicherweise ihrem allzu strengen Image entgegenwirken will. Sind diese Uhren, die auf ein präzises, historisch verbürgtes Datum zulaufen, nämlich die Grundsteinlegung der Peter-Paul-Festung, nicht auch ein Seitenhieb in Richtung Moskau, ein nachträglicher Stich für die Konkurrentin, die nur ein von Stalin willkürlich festgelegtes Geburtstagsdatum hat, deren Anfänge sich also in Wirklichkeit im Gestrüpp des Mittelalters verlieren?

Am Schlossplatz steht die Schmalseite eines Palastes fest verhüllt in einer Restaurierungsverkleidung mit einem Trompe-l'œil Peters des Großen. Der Charakterkopf des Zaren erscheint vor dem Plan St. Petersburgs, über dem Sonnenstrahlen den Himmel aufreißen. *Bam w gorode welikom schitj*, Mögt ihr in dieser großartigen Stadt leben, gebietet Peter den Petersburgern. Ironie der Geschichte: Unter der Fassadenverkleidung erinnert eine Gedenktafel daran, dass Lenin sich ein paar Tage in dem Haus aufgehalten hat. St. Petersburg ist voll von solchen Ge-

gensätzen, die Blaupause der Stadt ist in Wirklichkeit die Parataxe, auch wenn die Architektur geradezu aufdringlich Einheit vorgaukelt. Und weil der Sinn für Kontraste St. Petersburg schon in die Wiege gelegt wurde, liegt meist das Gegenteil jeder historischen oder politischen Bedeutungsstiftung nicht weit. Sobald man eine historische Lesart privilegiert, hat man es meist auch schon mit ihrer Konkurrenz zu tun. Das Leben in St. Petersburg ist immer Momentsache. Das hat die Geschichte mit ihren pausenlosen Umwälzungen, in deren Zuge St. Petersburg überhaupt erst entstanden ist, gezeigt und das lehrt auch die Gegenwart. Brian Eno, Wahlpetersburger mit Palast an der Mojka, begründete seinen Zweitwohnsitz (oder ist es der dritte, der vierte?) einmal mit dem Koffein der Stadt: »In St. Petersburg, you stay awake.« Wach bleibt man in St. Petersburg vor allem während der weißen Nächte, wenn die nordische Kapitale Zauberzeit hat. Bis zu 19 Stunden scheint die Sonne während dieser Wochen am Ende des Mais und während des ganzen Junis. Die Schatten der Nacht verkriechen sich, allein zwei Stunden Dämmerung bleiben von ihnen übrig. In einer solchen mattrosa Nacht ist St. Petersburg vor dreihundert Jahren gegründet worden. Solche Nächte sind haltlos und wollen weg von elementaren, schweren, formlosen Dingen. In solchen Nächten greift man Städte aus der Luft.

St. Petersburg im Rampenlicht

Die weltberühmten weißen Nächte

Weil der Winter hier so lang ist und die Tage mehr als die Hälfte des Jahres so kurz, wird der Wert des Lichts auf wunderbare Weise gesteigert. Man könnte meinen, den Bewohnern St. Petersburgs bereite es ein geradezu körperliches Unbehagen, wenn ein Gast im Januar oder Februar, im September oder gar im November aufkreuzt. Zu Zeiten, wenn die Stadt nicht im Rampenlicht steht. Warum kommen Sie nicht zu den weißen Nächten, im Juni? Bei dieser Frage ist immer der Wunsch mit im Spiel, dass die Welt St. Petersburg wahrnimmt, wie es sich selbst so gern sieht: schön und ohne Schatten. Als virtuose Verführerin mit Tausenden von Kubikmetern Mauern und Stein im Stil des 18. und 19. Jahrhunderts unter einem blassrosa-blauen Nachthimmel.

Die weißen Nächte holen alle hinaus auf die Straße. Und sie holen alle heraus aus dem Lebensernst. Diese Nächte ohne Dunkelheit, die ja in Wirklichkeit eher blank und blau sind, – sie haben etwas Befreiendes. Unter der Regie des Lichts gibt sich das sonst eher steifleinerne St. Petersburg ausgelassen, theatralisch, verrückt.

»Wir müssen uns eine Grundlage schaffen.« Freund Alexander klopft sich auf den Bauch. Wir biegen in eine Seitenstraße des lärmenden Newskijs und steuern ein auf altrussisch getrimmtes Restaurant im Souterrain an. *Borschtsch, kotlety,* hierzulande meint man damit Frikadellen, und *bliny* mit Pilzen werden aufgetragen. Von der Straße schwappt durch die gekippten Seitenfenster des Lokals Gelächter und Geblödel, während die Bedienung auf unserem Tisch zwei Wodka abstellt. Wäre beinahe ein nettes Abendessen geworden, aber Alexander hat es eilig. Diese weißen Nächte sind etwas ganz anderes als laue Sommernächte, die zum Genießen, zum Leben und Lebenlassen einladen. Hunderte von Liebespaaren, die sich allabendlich während der Mittsommernächte am Ufer der Newa einfinden, um wenigstens ungestört Händchen zu halten, könnten das zwar glauben machen, aber weiße Nächte in St. Petersburg haben etwas Frenetisches. »*Paschli,* gehen wir«, drängt Alexander und schon hasten wir zum Schlossplatz, wo ein Rockkonzert stattfinden soll und Tausende bereits warten. Der Winterpalast scheint schon jetzt zu zittern unter der tosenden Menge, die, gemessen an den Bier- und Wodkaflaschen auf dem Parkett des Schlossplatzes, schon einiges getrunken haben muss. Beim Zusammentreffen von Mensch und historischer Hülle wird man in St. Petersburg nie das Gefühl los, dass die Stadt zu pompös geraten und ihren Bewohnern eigentlich fremd geblieben ist. Die wilde Hingabe ans Dasein, die heute auf dem Schlossplatz zelebriert wird, will jedenfalls so gar nicht zu seinem feierlichen Ernst passen. Zu seiner gravitätischen Strenge, die nur Militärparaden duldet.

Es ist fast 22 Uhr und empfindlich kalt geworden. Die Sonne hängt in den obersten Etagen der Paläste an der Mojka, als endlich die Gruppe »Elektrika« der Menge mit Songs über Frust, Frauen und Feierabend einheizt. »Wir jagen Hochgefühlen nach während der weißen Nächte«, schreit Alexander, auf den die Stimmung ganz offensichtlich übergeschwappt ist. Der ganz besondere Thrill muss wohl auch bei den beiden Mädchen mit im Spiel sein, die sich in der Menge von ein paar Halbstarken mit Bier und Sekt übergießen lassen und lustvoll dazu kreischen. Ihr um Aufmerksamkeit heischendes Gezeter geht jedoch schnell im Chor der Massen unter, die einen Song über die Petersburger Nächte mitsingen, Nächte, die kommen, sich hinziehen und dann wieder verschwinden. Ein Lied, so schwer und schwarz wie die Nacht. Aber was heißt hier schon Nacht? Davon kann im Augenblick keine Rede sein.

In diesen lichtdurchfluteten Nächten, in denen die Sonne für kaum mehr als zwei, drei Stunden untergeht, mag man sich manchmal die Augen reiben und in eine nicht mehr ganz selbstverständliche Welt blinzeln. Alles bleibt in der Schwebe und in solchen Nächten versteht man, wie es zu der Legende kam, St. Petersburg sei in den Lüften gebaut und als vollendeter Stadtkörper auf die Erde hinabgelassen worden. »Die aufragenden Häuser, schattenlos, mit golden verbrämten Dächern, wirken wie zerbrechliche Porzellangebilde«, schrieb Joseph Brodskij, der am Litejnyj prospekt wohnte, nicht weit vom Michaelsschloss, wo man am Zusammenfluss von Mojka, Fontanka und Schwanenkanal besonders verzaubernd die weißen Nächte erleben kann, wenn man dabei ungestört bleiben will. Freund Alexander schwört in lichter Nacht jedenfalls auf ein Plätzchen in dieser Gegend und packt dann ein paar Salzgurken, hart gekochte Eier und Wodka ein. Allerdings erst, wenn alle Konzerte, das Feuerwerk über der Newa und alle Partys vorbei sind, wenn er die eine oder andere Bootspartie über die Kanäle hinter sich hat und der Adrenalinpegel in St. Petersburg wieder zum Normalstand zurückkehrt, kurz: wenn alle schon müde sind von weißen Nächten und einen bald die Schwärze der Nacht wieder im Schlaf umfängt.

Das immer gleiche Schauspiel

Ein Besuch in der Schlossbrücke

Tatjana Borissowna gibt an diesem warmen Junitag schon ein komisches Bild ab, wie sie so dasteht in *walenki,* diesen grauen russischen Filzstiefeln, die aussehen wie Kaffeemützen, die man an den Füßen trägt. Wegen der Mücken, sagt sie. Wegen der Mücken!, denke ich. Was sind das für Mücken, die man mit plattendickem Filz abwehren muss? Wenig später werde ich noch genügend Gelegenheit finden, die in dieser Weltgegend häufig verbreitete Spezies Anopheles L. kennen zu lernen – schwärmeweise.

Wir haben uns auf der Schlossbrücke verabredet, die beim Winterpalast die Newa überspannt. Am Arbeitsplatz von Tatjana Borissowna. Den erreicht man, wenn man die schmalen Stiegen der am Brückenpfeiler befestigten grünen Eisentreppe langsam, weil schwankend, hinuntersteigt – unten fließt die Newa; perlgraue, sich träge dahinwälzende Wassermassen. »Willkommen in der Schlossbrücke.« Tatjana Borissowna schließt die hohe Gittertür auf, die ungebetene Besucher abhalten soll. Liebespaare, Betrunkene, Neugierige, Kinder – immer wieder mal kämen Leute auf die Treppe. »Seit dem Krieg in Tschetschenien müssen wir aber besonders aufpassen. Wenn einer hier runterkommt, schicken wir ihn gleich weg, geht er nicht, rufen wir die Miliz.« Dabei zeigt sie auf einen dicken roten Knopf.

Wir treten in das Halbdunkel des Brückenpfeilers ein, in das Zwischenreich St. Petersburgs, auf halber Höhe von Wasser und Palästen. Von hier aus wird die Stadt der Brücken in Bewegung gehalten. Nacht für Nacht. Pünktlich um ein Uhr fünfunddreißig setzen vier Leute mit Hebeln und Schaltern die mächtige Mechanik der Schlossbrücke in Gang, die im Verein mit dreizehn weiteren Brücken über die Newa sowie die Kleine und die Große Newa aufgeklappt wird. Langsam öffnen sich dann die breiten Fahrbahnplatten, auf dem Kopf stehenden Toren gleich, die den Weg für die Schiffe aus dem Ladogasee in die Ostsee und umgekehrt freigeben. Petersburgs großes Spektakel, vor allem zur Zeit der weißen Nächte im Sommer. Den Rest des Jahres über kümmert das weiter keinen, da gehört es zum Alltag in einer Stadt, die nach dem Willen ihres Gründers gebaut wurde, um das Land dem Westen zu öffnen – und diese Annäherung fand vor allem über den Seeweg statt. Eine Annäherung mit Winterpause freilich, denn dann friert die Newa zu und Polartiefs versiegeln die Passage von Ost nach West unter Schnee und Eis.

Am späten Nachmittag stehen die reifengroßen Zahnräder im Bauch der Brücke noch still, von fern dringt der Lärm der über die Flussquerung donnernden Autos, sonst hört man nur das Klatschen des Wassers. Es riecht nach feuchtem Eisen und Maschinenöl. Bewegung kündigt sich allein deshalb an, weil die Mücken nun gierig ans Werk gehen. Im Nu bin ich zerstochen, im Gesicht, auf den Armen, alles, was offen liegt. Riesenmücken machen sich an mir zu schaffen, ich wünsche mir nur noch Filzstiefel und Filzmantel auf den Leib und stürme zum Ausgang. Diese Mücken stehen wahrlich ihren Zerberus. Nur ein Popeline-Mantel, ein Kopftuch und ermutigende Worte von Tatjana Borissowna können mich noch einmal in die Brücke zurückholen.

Tatjana Borissowna verdient in der Schlossbrücke ihren Lebensunterhalt. Sie kommt am frühen Morgen, wenn die Ingenieure, die die Brücke öffnen und schließen, nach Hause gehen. Es ist ein ruhiger Job, Tatjana Borissowna gibt Acht, dass alles so bleibt, wie es ist in der Schlossbrücke. Tagwache, die umgerechnet etwa einhundert Euro im Monat einbringt. Fürs Leben reicht das nicht, deshalb unterrichtet die ausgebildete Lehrerin abends noch einige Stunden technisches Zeichnen in einer Berufsschule.

Es gebe da so eine Legende, erzählt Tatjana Borissowna und fährt sich mit dem Handrücken über die ausgezupften Augenbrauen. Eine der zwanzig Millionen Noppen, die die Eisenverstrebungen im Unterbau der Schlossbrücke zwecks Gewichtsverstärkung gleich einem Teppich überziehen, sei aus Gold. Bedeutungsvoll, als sei sie dem Schatz schon ganz nahe, schaut sie mich an. »Vielleicht werde ich ja noch reich.« Ja, vielleicht. Davon träumt sie, wenn sie durch das nahezu blinde Fenster hinaus auf die Newa schaut und hoch zum Winterpalast und zur Peter-Paul-Festung. Ein Traum, den dieser Ausblick ja auch nährt. Einmal den Rahmen ausfüllen, den man geerbt hat …

In der Schlossbrücke hätten sie sich gut eingerichtet, sagt Tatjana Borissowna. »Im Brückenpfeiler an der Strelka wird gearbeitet, im Brückenpfeiler am Schlossplatz ruhen wir uns aus.«

Ein schmaler Gang unterhalb der Fahrbahn führt hinüber in den Maschinenraum der Schlossbrücke. Das ist jetzt kein Staatsgeheimnis mehr, das darf man sagen und schreiben. Im Maschinenraum indes sieht noch alles so aus wie zu den Zeiten von Staatsgeheimnissen. Als sich der Arbeiter- und Bauernstaat noch gerne mit seinen »technischen Errungenschaften« brüstete. Monitore, ein Pult mit Knöpfen, Schaltern, Hebeln, Lämpchen – alles in Stil und Größe sowjetischer Weltraumfahrt. Ob nun eine der Newa-Brücken technisch ausgerüstet werden musste oder ein kosmisches Fuhrunternehmen – in der Sowjetunion machte man da keine kleinlichen Unterschiede.

Für die Erholung der Schlossbrückenangestellten sorgen ein Fitnessraum und eine *parilka*, ein Dampfbad. »Das haben wir selbst eingebaut«, sagt Tatjana Borissowna. Im Winter sei es feucht und kalt in der Schlossbrücke, da täte es gut, wenn man sich ab und zu mal »die Knochen wärmen« könne. Im Übrigen wüssten die Behörden nichts von dem Dampfbad in der Schlossbrücke, es handele sich da um ein »inoffizielles Dampfbad«. Seit einiger Zeit bringen aber nicht nur verbotene Saunas die Schlossbrückenangestellten ins Schwitzen, sondern auch wodkaselige Käpitäne, die ihre Schiffe nicht mehr zwischen den Brückenpfeilern hindurchsteuern können. »Pjotr Grigorewitsch hieß der«, erinnert sich Tatjana Borissowna an einen Kapitän, der der Polizei später zu Protokoll gab, dass es »plötzlich ›rumms‹ gemacht habe«. Sein Schiff hatte den Brückenpfeiler gerammt. Eine andere schweißtreibende Begebenheit ereignete sich im Oktober 2002: Da wollten die Ingenieure wie jede Nacht die Schlossbrücke öffnen, doch nichts tat sich. »Metallmüdigkeit« lautete der Befund, der anhand zweier angebrochener Zähne an den Rädern festgestellt wurde. Auf der Newa gab es Stau in beide Richtungen und das fanden die Petersburger zur Abwechslung mal richtig spannend. Jedenfalls strömten sie am nächsten Morgen zum Fluss, um sich das Spektakel der geschlossenen Schlossbrücke anzuschauen.

Mittwochs, vierte Stunde: Geschichte St. Petersburgs

Wer ist ein »echter« Petersburger?

Igor Aleksejewitsch, früher Lehrer der Geschichte der KPdSU, heute, nach kurzer Umschulung, Lehrer der »Kulturologie« und privat ein rechter Trauerkloß, meint, dass es neben der »Wiedergeburt« St. Petersburgs auch eine »Wiedergeburt des St. Petersburgers« geben müsse. Wer ein St. Petersburger ist, wie der beschaffen sein muss, das lernen die Kleinen jetzt schon in der Schule: Ein St. Petersburger stößt die Tür nicht mit dem Fuß auf, schreit nicht auf der Straße, malt in der Stadt nichts an und hüpft nicht in der Wohnung herum, also den Nachbarn auf dem Kopf. Soweit das Lehrbuch. Ob das auch für Moskauer gilt?

Istorija St. Peterburga, Geschichte St. Petersburgs, heißt das vor noch nicht so langer Zeit eingeführte Fach. »Wir lernen da alles über St. Petersburg, wer die Stadt gegründet hat und warum, wie die Stadt gebaut worden ist, wie man sich in ihr benehmen muss, nun, Geschichte eben.« Der elfjährige Mischa scheint nicht gerade angetan zu sein von der neuen Materie, aber wer paukt schon gerne historische Daten oder die Namen aller Brücken über die Newa?

St. Petersburg bietet viel Stoff, wie viel, vor allem wenn man bis ins Detail geht, kann man im *Dom knigi*, im »Haus der Bücher« auf dem Newskij ermessen, wo die St.-Petersburg-Literatur eine ganze Abteilung füllt. Daneben findet man dann noch ein bisschen russische Geschichte und ein, zwei Werke zur Französischen Revolution, zur Einigung Italiens, zum Zweiten Weltkrieg. »Die Menschen suchen sich selbst, sie befinden sich in einem Sinnvakuum, man muss ihnen Halt und Richtung geben«, sagt Igor Aleksejewitsch, ganz in putinpatriotischem Sinne.

Knapp acht Millionen Euro machte Putin im März 2001 für ein »Programm der patriotischen Erziehung der Bürger der russischen Föderation 2001–2005« locker. Patriotismus und »russische Idee« heißen die Geschütze, die der Präsident da gegen den allgemeinen Werteverfall, die Richtungslosigkeit in der Gesellschaft, die chronische Wirtschaftskrise, gegen alle, auch die hausgemachten Katastrophen Russlands in Stellung bringt. Das Schicksal der Nation will Putin in der Tiefe ihres Wesens berichtigen. Und daher lernen schon die Petersburger I-Männchen, dass »Petersburgs wichtigster Reichtum die echten (!) Petersburger« sind. So die Überschrift zum Kapitel VIII im Lehrheft *Tschudesnyj gorod*, Wunderbare

Stadt, das die Petersburger Schüler von der ersten bis zur zehnten Klasse in fortgesetzter Folge begleitet. Für den häuslichen Gebrauch des Lehrheftes über St. Petersburg empfehlen die Verfasser den »verehrten Eltern«, es sich »abends auf dem Sofa gemütlich zu machen, Seite an Seite mit dem Kind, und das Petersburger Heft aufzuschlagen«. Kamine gibt es ja in den meisten Haushalten nicht mehr.

Zurück zu Kapitel VIII, das über den »echten Petersburger« lehrt, dass er sich durch Achtung und Verehrung seiner Stadt auszeichne, zu ihrem Reichtum beitrage und den »Benimmregeln eines echten Stadtbürgers« folge. Unter bürgerlichen Sitten und Gepflogenheiten dürften sich die Kleinen kaum etwas vorstellen können und auch die Eltern werden da wenig weiterhelfen können; denen hat man noch beigebracht, was ein guter Genosse ist. Und beim Schlangestehen haben sie das Flanieren auf dem Newskij längst verlernt. Wo fängt das an mit den Sitten und wo hört es auf? Ein echter Petersburger Bürger hätte sich ja sicher auch nicht wie Igor Aleksejewitsch mit Umweltbeutel auf dem Newskij blicken lassen. »Wir wünschen uns nichts mehr, als eine normale russische Gesellschaft zu sein. Aber dafür sind noch einige Anstrengungen erforderlich«, sagt der Kulturologe.

Den heilenden Zauber aus Bürgertugend und Patriotismus verordnete der Kreml dem ganzen Land. Nur: Kulturelle Identität kann nicht verordnet, nur gebildet werden, das musste schon Peter der Große einsehen. Als er den Russen die Bärte abnahm, waren noch längst keine Europäer aus ihnen geworden. Doch die Menschen, die in St. Petersburg leben, bildeten im Laufe der letzten drei Jahrhunderte viel Liebe für ihre Stadt aus, die ihnen Putin, der selbst Petersburger ist, nicht erst beibringen muss. Ob diese von der Stadt gespeiste Liebe der Petersburger jedoch in Vaterlandsliebe mündet, das sei dahingestellt. Adressatin dieser Liebe ist ja schließlich eine »Ausländerin des Vaterlandes«, wie Gogol St. Petersburg einmal nannte.

Ein Petersburger, das war schon in der Vergangenheit ein Mensch von undefinierbarer nationaler Zugehörigkeit, hochmütig in Bezug auf den Rest des Landes, politisch nicht ganz verlässlich, eigensinnig und altmodisch in seiner herzergreifenden Liebe für die Stadt. Das machte ihn in Stalins Augen verdächtig, so dass die Stadt es 1937 besonders brutal mit dem »Großen Terror« zu tun bekam.

Ihre gesellschaftliche Identität definieren die Petersburger als Stadtbürger, Petersburger zu sein ist wichtiger als nationale Zugehörigkeit. Selbst in den grau-faden Rayons draußen vor den Toren des eigentlichen St. Petersburgs, in neun, zwölf, vierundzwanzig Etagen hohen Häusergebirgen, die nichts mehr mit St. Petersburg gemein haben, ist dieses Bewusstsein stark. Und wenn es jemals in dieser Fünfeinhalb-Millionen-Metropole so etwas wie ein Stadtgespräch gegeben hat, ein Thema, das die Stadt in ihrer Gänze durchdrungen hat, dann ist es – sieht man einmal von dem Dauergerede über *krisis* und *bisnes* ab – das Gespräch über die Stadt selbst. Über eine Stadt, die sich als europäische Stadt versteht, als das berühmte »Fenster nach Europa« und als solches einzigartig ist in Russland.

St. Petersburg ist eine Stadt, die in ihrer vorrevolutionären Vergangenheit, an die heute wieder angeknüpft werden soll, nicht nur architektonisch, sondern auch ethnisch immer eine Melange war, ein buntes Völkergemisch aus Deutschen, Italienern, Juden, Holländern, Armeniern und Franzosen. Die Kirchen nahezu aller Konfessionen auf dem Newskij legen von der Toleranz St. Petersburgs beredtes Zeugnis ab. Das polyglotte St. Petersburg wurde vom sowjetischen Leningrad abgelöst, jetzt soll St. Petersburg russisch werden. So gab Putin für den dreihundertsten Stadtgeburtstag schon mal die pathetisch-vaterländische Lesart vor: »St. Petersburgs dreihundertjähriges Jubiläum ist ein Grund, an Russlands Größe zu erinnern und an die Quelle für diese Größe.« St. Petersburg, so der Klartext, soll sich zur Bühne der großen, traditionstümelnden Abziehbilder machen, das Fenster nach Europa soll zum Fenster nach Russland werden. In mancherlei Hinsicht ist es das schon lange, Joseph Brodskij hatte in seiner Heimat schon einmal einen weiten Durchblick nach Osten entdeckt: »Bezüglich des Alkoholismus ist diese Stadt das Fenster zu Russland, und zwar ein weit aufgerissenes. Schon um neun Uhr morgens sieht man eher einen Betrunkenen als ein Taxi.«

Statt der großen Vision: »Go West, paschli!«

Der Zug nach Westen

> *»Russland schaut nach vorne, Grund zum Jubeln gibt es nicht.«*
>
> PRÄSIDENT PUTIN in seinem dritten Bericht zur Lage der Nation

Braut und Bräutigam stehen vor dem Ehernen Reiter und bringen sich nach den Regieanweisungen des Fotografen in Position. Er solle doch nicht so fest den Arm um sie legen, nicht so grob, eleganter, *kak Gentlemen*, schreit der Fotograf schon mit leicht ungeduldigem Unterton gegen den Wind. Muss schon lange so gehen, außerhalb des imaginären Bildrahmens warten bereits einige russische Ausflügler auf einen Platz vor Peter dem Großen, um sich gegenseitig fotografieren und filmen zu können. Ein Maler hat seine Staffelei aufgebaut, man kann das Reiterstandbild auch in Ölkreide kaufen. Das ungestüme Drängen des hoch aufgebäumten Pferdes, das Peter mit der linken Hand hält, hat den Mann zu flammend grellen Farben bewegt, solche von der Sorte, die man nur lieben kann oder verabscheuen muss. Ein Kind lässt seinen roten Ferrari ferngesteuert am Denkmal vorbeifahren. Der Hochzeitskonvoi wird nun auch ungeduldig, die verwegen toupierten Damen im vorvorletzten Schrei der Mode tippeln auf Highheels von einem Fuß auf den anderen. Der kalte Wind weht die Newa herunter, er kommt von Osten.

An solchen Tagen, wenn der Wind auffrischt – Puschkin nannte ihn den »Nord-Nord-Ost« – erinnert man sich wieder, wie weit im Norden St. Petersburg tatsächlich liegt; die Stadt ist die nördlichste Millionenmetropole der Welt.

Das Klima hat auch die Speisekarte infiziert. Man isst hier gern *seljodka pod schuboj*, Hering unterm Pelz – an Rotfuchs dachten die Namensgeber da wohl, als sie die rote Beete über den Fisch raspelten. Ein kongeniales Gericht für St. Petersburg.

Freitags und samstags sieht man immer Brautpaare am Ehernen Reiter, mit dem Katharina die Große Peter dem Großen ein beeindruckend impulsives Monument gesetzt hat. Beider Zaren Temperament ist in dem Werk des Franzosen Étienne Falconet aufgegangen; der Künstler war eine Empfehlung der Pariser Brieffreunde Katharinas, Diderot und Voltaire.

Die frisch Vermählten am Ehernen Reiter, das hat auch einen tieferen Sinn, ist mehr als ein Foto mit dem Signet St. Petersburgs im Hintergrund. Das Reiterstandbild ist auch ein Versprechen, eines für die Ewigkeit, wenn man es recht bedenkt. Peter reckt seinen Arm gen

Russlands große Perspektive, die in der Optik St. Petersburgs im Westen liegt, auch wenn der Zar in Wirklichkeit seine Hand nach Norden ausstreckt. Ein bauästhetisches Problem, man konnte das Denkmal ja schlecht parallel zur Newa platzieren.

Die Geste ist symbolisch aufgeladen, heute mehr denn je, wo weit mehr als die Hälfte aller Russen angeben emigrieren zu wollen. Muss denn nicht da, wo sich ein Fenster so prächtig öffnet, immer auch schon der Drang zur Tür sein? Heißt so ein Fenster nicht, die Menschen zu versuchen? Wie viele Russen wohl enttäuscht von Reisen nach Europa zurückkamen, weil sie sehen mussten, dass sich der Westen keineswegs immer so glänzend zeigt, wie er einen zu Hause glauben macht. »Man gebe mir nur irgendetwas auf irgendeinem Kontinent, das St. Petersburg gleicht, und mein Herz wird schmelzen«, schrieb etwa Nabokow, der Petersburg durch die Revolution verloren hatte.

Gegenüber dem Ehernen Reiter, der seinen Namen übrigens von Puschkin bekam, liegt die rot-weiß gestrichene Universität. Dort treffe ich Tanja, die Französisch studiert und von Paris träumt. Abgesehen von Paris, liebt sie auch St. Petersburg? Tanja schaut müde drein, sagt aber »Ja« und abgetörnt: »Ich habe hier keine Chance, keine Zukunft. Meine Eltern haben kein Geld.« Pessimismus oder reale Einschätzung der Situation, wie auch immer,

Tanja wird nächstes Jahr gehen, sie hat eine Au-pair-Stelle in Paris gefunden. Ihre Eltern, sagt sie, seien sehr traurig darüber, sie blieben allein zurück, aber wer weiß, vielleicht käme sie ja auch eines Tages wieder. Sie macht sich selbst Mut für diesen Schritt. Tanja war noch nie im Ausland.

Jeden Tag gehen Menschen fort. »Wissenschaftler, Musiker, Ärzte, Ingenieure – wir haben unsere besten Köpfe längst verloren. Und bekommen immer mehr Dumpfköpfe«, sagt Wera Alexandrowna mit einem Blick, in dem viel Verachtung mitschwingt. Und gleich darauf schaut sie so versonnen über die Newa, als schicke sie all den Freunden und Bekannten im fernen New York, in Tel Aviv oder Berlin einen geistigen Gruß.

Wera Alexandrowna lehrt Geschichte an der Universität und arbeitet für umgerechnet etwa 130 Euro im Monat. Ob das zum Leben reicht? Wera Alexandrowna wiegt den Kopf hin und her. »Kommt auf das Leben an.« Im Umgang mit dem Leben haben die Russen wahrlich eine beispiellose Elastizität ausgebildet. Trotzdem kann nichts darüber hinwegtäuschen, dass das größte Problem der Stadt, wie überall in Russland, die desolate Wirtschaftslage ist. Sie wiegt schwer und manchmal wiegt sie noch schwerer, weil die neuen Armen in St. Petersburg Tag für Tag mit den neuen Reichen konfrontiert werden. Aus den großen Erwartungen Mitte der neunziger Jahre sind längst geplatzte Hoffnungen geworden.

Der fortgesetzte »struggle for life« treibt in die Flucht. Im vergangenen Jahr sei sie bei ihren Freunden in Berlin gewesen, sagt Wera Alexandrowna. Als das Flugzeug wieder in St. Petersburg landete, habe sie sich gefragt: »Warum das Schicksal bloß immer wieder nur korrigieren, warum es nicht selber machen?« Da sie in der Folgezeit einen starken Drang »durch die Tür nach Westen« spürte, zündete sie eine Kerze in der Kirche des heiligen Pantelejmona an und ging in die »St.-Petersburg-Agentur« am Gribojedow-Kanal, in der über viertausend euro-heiratswillige Frauen registriert sind. Heirat ist noch das probateste Mittel, in den Westen zu kommen. Aber die beiden Männer, die Wera Alexandrowna dann Wochen später traf, ein Finne und ein Deutscher, konnten ihr die Speckseite des Kontinents dann doch nicht schmackhaft machen.

Der Westen ist ein Dauerversucher in St. Petersburg, ein Hoffnungshändler. So wie das Café Apelsin am Kanal, der die Peter-Paul-Festung vom Kronwerk trennt. Wir wollen einen frisch gepressten Orangensaft, aber sie haben nur Borjomi-Mineralwasser, das im georgischen Kaukasus abgefüllt werden soll, aber eher nach Schwarzem Meer schmeckt.

Besonders befallen von »Eurokokken« ist natürlich das Petersburger Geschäftsleben.

Früher, in Leningrad, waren die Läden bis auf wenige Ausnahmen gleich allen öffentlichen Institutionen durchnummeriert. Brot kaufte man im *magasin* Nr. 2, Schuhe im *magasin* Nr. 53. Heutzutage kauft man ein bei Makgraw (das Sortiment, feine Kristallgläser, lässt vermuten, dass hier der Markgraf Pate stehen sollte), Bern, Defile, Personne, Femme Etoile, Louvre, Vanity, Soho, Skania, und man kauft nicht irgendetwas, sondern »Super-Euro-Schick«. Russisches, wie Pelze, gibt es in St. Petersburg nach wie vor bei »Rot-Front« in der Bolschaja Morskaja uliza.

Wenn im Haus hingegen *Ewro remont* ansteht, die europäische Renovierung, dann empfehlen sich doch auch gleich *Ewro dweri*, Euro-Türen und *Ewro okna*, Euro-Fenster, wie hier im Westen des Ostens Thermopanefenster genannt werden. Verführungskräftig offenbar auch die Mischung »Deutsche Qualität – Russischer Charakter«, mit der eine Sportfirma wirbt.

Wo so viel Westen ist, da sind auch die Gegner des Westens, auch das war schon immer so in St. Petersburg. Nach Angaben des russischen unabhängigen Forschungsinstituts für sozialpolitische und sozialökonomische Probleme (RUFI) glauben 13,2 Prozent der Russen, dass »der Westen ein ewiger Feind Russlands« ist.

»Ich weiß nicht, ob wir jemals ein normales

Verhältnis gegenüber dem Westen haben werden«, sagt Wera Alexandrowna und meint, dass die russische Seele von Haus aus zu Extremen neige. »Sie kennt nur schwarz oder weiß, nicht das ganze Farbspektrum der Mitte.« Bliebe noch anzumerken zur russischen Seele, dass sie die Heimat nur unter Aufbietung herzzerreißender Seufzer fahren lässt und im Westen eigentlich nie richtig ankommt. »*Paschli*, let's go«, sagt Wera Alexandrowa und hakt sich bei mir ein.

Wir gehen über den Troitzkij most zurück auf die Große Seite. Unten fließt die Newa, von Ost nach West, ins offene Meer. Der Wind trägt vom Kai eine Melodie herüber, jemand spielt die Marseillaise, »Allons enfants de la patriiiiiie.«

St. Petersburger Treppenhäuser

Luft anhalten und durch

> *»Man traut seinen Augen nicht, wenn man liest, in den Petersburger Treppenhäusern habe es immer nach Kaffee gerochen.«*
>
> ANNA ACHMATOWA

Alles wird man Russen nachsagen können, nur eins nicht: dass sie hausbacken sind. Möglich, dass sie es sogar gerne wären, aber sie sind es nicht. Denn das mit den Häusern ist hier so eine Sache.

Als mich Nadeschda Konstantinowna das erste Mal zu sich nach Hause einlädt, besteht sie darauf, mich an der Metrostation Gorkowskaja abzuholen. Ich verstehe das als eine der Annehmlichkeiten russischer Gastfreundschaft – wer empfängt seine Freunde und Bekannten schon an der U-Bahn? Es erspart schließlich auch das umständliche Notieren von Zahlenreihen, die eine Petersburger Adresse ausmachen: Wohnkomplex 2, Aufgang 4, Wohnung Nr. 13. Allein solche Anschriften erlauben kein Hausbackensein. Bildet man die Quersumme solcher Ziffernfolgen, hat man im Übrigen in etwa die Anzahl der Jahre errechnet, die die Petersburger in der Vergangenheit auf ihre eigenen vier Wände warten mussten.

Nadeschda Konstantinowna nimmt mich mit grüner Schirmmütze in Empfang und manövriert mich durch Straßen und über die pflastersteinlosen, viel getretenen Pfade der Petersburg-Bewohner von Hinterhof zu Hinterhof der schlichten Mietshäuser, die das 19. Jahrhundert auf der Petrograder Seite hinterlassen hat. »Nicht erschrecken«, sagt sie ganz beiläufig, als sie die braune Tür von Wohnkomplex 2, Aufgang 4 mit einem Ruck aufzieht. Zu spät – ich kämpfe bereits mit einem heftigen Würgreiz. Die auffliegende, aus irgendwelchen Platten zusammengezimmerte Haustür treibt mir den beißenden Gestank von Urin und Erbrochenem aus dem Treppenhaus direkt in die Nase. Jetzt bloß nicht zimperlich sein, da muss man durch, drei Stockwerke hoch. Millionen Petersburger ertragen das, morgens, mittags und abends, immer dann, wenn sie aus dem Haus gehen oder nach Hause kommen.

Während mir die Gestanksalve den Atem verschlägt, verschafft sich meine Gastgeberin Luft mit einer Schimpftirade: »Es sieht hier immer schlimmer aus, weil wir keine große Idee mehr haben, weil die Regierung nur in die eigene Tasche wirtschaftet. Alles Mafiosi.« Dabei macht sie eine Handbewegung, als wolle sie Russland und alles darin aufgehobene Elend wegwischen. All diese Treppenhäuser, deren Haustüren Tag und Nacht offen stehen, in denen Männer pinkeln, in denen die einsam von der Decke baumelnden Glühbirnen niemals glühen, wo Ratten hausen, in die Kartoffelschalen und Keksverpackungen aus dem chronisch verstopften Müllschlucker quillen, von deren Wänden längst der Putz gefallen ist und deren Treppenstufen abgeschlagen sind. So sehen Orte aus, für die keiner das Sorgerecht übernommen hat. So sehen Orte aus, an denen sich das auslebt, was die Russen *bespredel*, Schrankenlosigkeit, nennen.

Die liberale Publizistin Ljudmilla Saraskina erregte sich in der *Literaturnaja gaseta* einmal darüber, dass Konservative und Reformer weiterhin miteinander wetteiferten, wer es zu mehr Parteigängern bei Demonstrationen bringe. Frau Saraskina würde am liebsten alle Demonstranten nach Hause schicken, zum Hausputz. Ihr eindringlicher Appell kommt dabei zu dem Schluss: Solange der Wohnraum das einzige Eigentum sei, kämen hausfrauliche Tätigkeiten im Treppenhaus und Hof »unzweifelhaft patriotischen Handlungen« gleich. Doch so weit scheint die Vaterlandsliebe der Russen dann doch nicht zu gehen.

Als die Tür zum sauberen, wohl bestellten Heim, das man nur mit Pantoffeln betreten darf, hinter uns ins Schloss fällt, sagt Nadeschda Konstantinowna, dass sie sich für ihr Treppenhaus in den Boden schämen könnte. Was denn ihre Nachbarn dazu sagen, will ich wissen. Achselzucken – die kennt sie nicht. Man sieht sich zwar, doch man grüßt sich nicht, alle wohnen hier namenlos ohne Notiz voneinander zu nehmen. Von der früher staatlich verordneten großen Gemeinschaft wollte zu Hause niemand mehr etwas wissen. Zu Hause sein – das war und ist bis heute die zwischen 25 und 75 Quadratmeter bemessene Freiheit, sich nur um sich selbst zu kümmern. Im Verein mit diesem Stück kostbarer Anonymität zog lückenlose Gleichgültigkeit ins Treppenhaus ein.

Die beiden Killer der beliebten Petersburger Politikerin Galina Starowojtowa warteten im Wahlwinter 1998 im Niemandsland ihres Treppenhauses auf sie; sie konnten sicher sein, dass sie unentdeckt bleiben würden – und ungestraft. Zahlreiche andere Verbrecher hatten ihnen das schon vorgemacht. Nadeschda Konstantinowna erzählt, dass auch sie am Tag nach dem Mord Blumen in das Treppenhaus der für ihre Aufrichtigkeit bekannten und ermordeten Demokratin gelegt habe, drei rote Rosen. Viele Menschen seien da gewesen und hätten geredet, zusammen geweint und auf den Staat geschimpft. Der Vorsitzende der demokratischen Partei Jabloko, Grigorij Jawlinskij, sagte damals im Fernsehen: »Wir können nicht einfach weiterleben, als sei alles wie früher.« Das fand auch Nadeschda Konstantinowna und kaufte sich eine Sprühdose Tränengas für die Handtasche. Und ihre Gäste holt sie seitdem immer an der Metrostation Gorkowskaja ab.

Einkauf zwischen Europa und Asien

Wo alle alles zu Markte tragen – Besuch im Apraxin dwor

»Warum willst du nicht essen, du musst essen!!!« Und wieder drückt mir der Mann den Hammelfleisch-Spieß in die Hand. Eigentlich hatte ich Schamil vor etwa fünf Minuten nur gefragt, woher er denn komme, aber jetzt soll ich sein *schaschlik* essen und morgen Abend bin ich schon zu einer Hochzeit eingeladen. Seine beiden Grillassistenten haben sich diesbezüglich einmal mit hoch erhobenen Händen zu einer eigens gesungenen Melodie im Kreis gedreht, um mir das Fest auch anschaulich zu machen, schmackhaft. »Deutschland gut«, sprudelt Schamil, der Aserbajdschaner in St. Petersburg, »Deutschland gut«. Mir indes ist nicht gut bei solcher Begeisterung, ich ahne schon das Schlimmste, steht doch oft am Ende solchen Überschwangs Adolf Hitler. Doch dann erzählt Schamil, dass er zwei Jahre in der »GDR« stationiert gewesen sei, »sährr gutt« habe er es da gehabt und ich schäme mich für meine Gedanken. Ob ich auch gegen die Globalisierung sei, fragt er mich plötzlich unvermittelt. Also doch. Die Frage hat mir schon mal ein Turkmene gestellt, damals habe ich darauf geantwortet, weil ich noch nicht wusste, dass die Globalisierung nur der scheinheilige Einstieg ist für eine unerträgliche Rede von der angeblichen »jüdischen Weltverschwörung«. Davon dröhnt jetzt auch Schamil und seine finster zusammengekniffenen Augen sollen wohl das fantasierte Ausmaß der Konspiration unterstreichen. Bevor der Überschlag zu Hitler kommt, verabschiede ich mich lieber. Aus ähnlichen Begegnungen weiß ich schon, dass es ein grober Irrtum ist zu glauben, man könne fundamentalistischen Antisemiten mit Lektionen über deutsche Vergangenheit beikommen. Auf antisemitische Hetze war ich nicht gefasst. Sie hat Wucht. Meine Freunde hatten mich nur vor Taschendieben im Apraxin dwor gewarnt, vor ihrer prallen Trickkiste, deshalb war ich mit einer schäbigen Plastiktüte unterwegs.

Auf dem aserbajdschanischen Gelände des Apraxin dwor grillen sie alle. Die ganze Luft ist erfüllt von den Rauchschwaden, die über den *Schaschlik*-Spießen aufsteigen – als seien es Lebenszeichen in die Hauptstadt Baku. Früher hätten sie manchmal auch Schwein gegrillt, als Zugeständnis an den Geschmack der Russen, erzählt mir ein Mann und streut eine Gewürzmischung über die aufgespießten Fleischbrocken. »Aber damit ist es jetzt vorbei.« Ein gläubiger Muslim esse nämlich kein Schweinefleisch, doziert er mit dem Stolz eines Anfängers.

Eigentlich liegt der Apraxin dwor ja in

Greifweite vom Newskij prospekt, genau genommen schräg gegenüber vom Gostinny dwor, dem schon immer schickeren Petersburger Kaufhof, wo seit der Öffnung des Marktes Escada, Dolce & Gabbana, Lancôme und die anderen sind. In Wirklichkeit ist man aber nach ein paar Schritten schon auf halber Strecke zwischen Europa und Asien. Mitten auf einem Basar, auf dem all das losgeschlagen wird, was auf der Achse Peking–Istanbul–Warschau–Berlin so an den Mann gebracht werden kann.

Manche Waren werden noch reisefrisch aus der blass blau-weiß-rot gestreiften, reißfesten China-Tasche verkauft, die zu so etwas wie einem Wahrzeichen, zum Signet der Wellblechbudenwirtschaft zwischen Tbilissi und Riga geworden ist. Was Besseres als diese Tasche hätte sich Merkur persönlich nicht einfallen lassen können. Sie ist das Füllhorn all dieser Basare, aus dem sich perfekt imitierte Designerklamotten, Markenuhren und Sonnenbrillen, Prada-Taschen, Reizwäsche, Trainingsanzüge, Turnschuhe, Pelze und türkische Lederjacken über den Markt ergießen.

Ljuda fährt einmal im Monat mit dem Bus nach Warschau und kauft dort bei ihrem »Großhändler« ein. »In italienischen und französischen Modejournalen orientiere ich mich an aktuellen Trends und in Warschau kaufe ich davon, was ich finden kann.« Ihre Kunden, sagt Ljuda, die früher als Logopädin im Staatlichen

Krankenhaus Nr. 26 gearbeitet hat, wüssten ihre »Professionalität« zu schätzen. »Was du machst, musst du gut machen«, meint Ljuda und schickt ihrer Nachbarin einen abfälligen Blick rüber. Die verkauft auch Brillen. Vor ein paar Tagen, erzählt Ljuda, hätte sie jemandem Modelle von »Gucci, Armani und Versaci« angeboten. Solche Leute könnten sie in »ihrer Branche« nun wirklich nicht gebrauchen, sagt Ljuda empört über den Verrat an der perfekten Kopie.

Früher kam man zum Apraxin dwor, um Originale zu kaufen. In den heruntergewirtschafteten zweistöckigen Kauf- und Lagerreihen aus dem 18. und 19. Jahrhundert, die ein riesiges Gelände mitten in der Innenstadt St. Petersburgs umschließen, waren vor dem Einbruch des Marktes über Osteuropa vor allem staatliche Kommissionsläden untergebracht, in denen das alte St. Petersburg in bare Münze verwandelt wurde: Porzellan, Pelze, Silber, Bibliotheken. Weil jemand aus der Familie Zahnersatz brauchte, jemand eine Reise nach Prag oder Ost-Berlin unternehmen konnte, man beim Eintritt des Enkels ins Universitätsinstitut finanziell etwas nachhelfen musste.

Auch im postsowjetischen Russland sind es vor allem die Verhältnisse, die zum Handeln zwingen. Und das tun jetzt auch viele; manchmal, wenn wieder jemand sein Jackett aufschlägt und sich als wandelndes Briefmarkenalbum entpuppt, könnte man meinen, dass es jeder tut.

Im Gravitationsfeld des Apraxin dwor machen neben den einheimischen Verkäufern Kleinunternehmer aus Tadschikistan, Usbekistan, Georgien, Aserbajdschan und Tschetschenien Geschäfte, die meist schon über Jahrzehnte Handel in St. Petersburg treiben – nur verkauften sie früher Obst und Gemüse, heute die ganze Warenpalette zwischen Handy und Nationalgericht. Seit noch nicht so langer Zeit mischen sich hingegen auch Händler aus der Türkei und aus China unter das Basarvolk. Es dämmert einem schnell, dass in diesem so zu- und hinfällig anmutenden Kleinstkosmos des Apraxin dwor strenge Regeln herrschen, selbst ernannte, versteht sich, über deren Einhaltung eine ebensolche Gerichtsbarkeit wacht. Alles verhandelt und verbandelt. »Im Apraxin dwor ist alles aufgeteilt«, sagt der Besitzer des besenkammerwinzigen Cafés unter den Arkaden des Handelshofes. Der Mann, der wie der Vertreter Breschnjews auf Erden aussieht, gehört zu den etablierten Handelstreibenden im Apraxin dwor, die für ihr Geschäft einen Platz, sei er auch noch so klein, in den alten, gemauerten Handelsreihen ergattern konnten. Die Hierarchie setzt sich weiter fort mit den Budenbesitzern und verläuft über die überdachten Stände bis hin zu denen, die ihre Waren unter freiem Himmel feilbieten.

Zu Füßen des Staatlichen Kommerziellen Zentrums Perspektive wühlen Männer und

Frauen in riesigen Kleiderbergen, die sich vor rostigen Liegen türmen; zwölf, fünfzehn solcher Liegen aus irgendeinem aufgelösten Erholungsheim stehen hier im Staub nebeneinander. Usbeken verkaufen darauf getragene und aufgetragene Kleidung, die wahrscheinlich einmal als Spende in dieser Gegend ankam. Jetzt machen die Leute hier einen wirklich humanen Preis: Alles kostet umgerechnet nicht mehr als zwei, drei Euro.

Bei den Usbeken gibt es *plow*. Handel macht hungrig. Idris rührt den Reis mit Möhren, Rosinen, Fleisch und Gewürzen in einer großen Eisengusspfanne, die genau in die Öffnung einer vom Rost porösen Tonne passt, in der ein paar Holzscheite glühen. Bedächtig fährt der alte Mann mit dem Löffel im Kreis durch den Reis. Dabei fehlt es ihm nicht an einer gewissen zeremoniellen Feierlichkeit, *plow* ist ja schließlich nicht eine beliebige Reispfanne, sondern usbekisches Nationalgericht. Idris ist ein freundlicher Mann, der den beherzten Kleiderkauf um sich herum völlig gelassen beobachtet, gleichsam von einer hohen inneren Warte aus. Der Eindruck mag daran liegen, dass Allah alles in seinem Leben entscheidet. Heute zum Beispiel habe er für Idris die Entscheidung getroffen, dass er bald mal wieder nach Hause fahren solle. Idris hat daher den Preis der Portion *plow* etwas angezogen. »Mal sehen, ob er angenommen wird«, sagt Idris. Für seine Preispolitik scheint Allah keine Haftung zu übernehmen. Ein bisschen Nervenkitzel muss eben auch sein, Idris sieht jedenfalls ganz so aus, als halte er sich damit auf seine alten Tage bei Laune.

In den hintersten Ecken des Apraxin dwor verkaufen Männer auf den Motorhauben von Ladas und Schigulis technische Einzelteile, denen man längst nicht mehr das ursprüngliche Ganze ansieht. Terrain für Bastler. Und billigen Sex. Zwischen Öllachen und allerlei Gerümpel warten drei sparsam gekleidete Frauen auf Kundschaft. Die eine scheint gerade erst wieder Position bezogen zu haben; sie steht vor dem nahezu blinden Fenster eines Lagerhauses und versucht sich zu spiegeln, während sie ihren Rock, nicht mehr als eine schwarze Schärpe um die Hüften, zurechtrutscht. Hinter dem Lagerhaus, da, wo die Kurzwaren-Abteilung des Apraxin dwor ist, wo so mancher Reißverschluss und so manche Gürtelschnalle noch einzeln aus der Hand verkauft werden, entdecke ich eine große Reklametafel, auf der eine Dame in blütenweißer Unterwäsche für Dessous aus »China, Lettland und der Türkei« wirbt. Wusste ich gar nicht, dass Paris, Mailand und Tokio jetzt von dieser bemerkenswerten Achse her Konkurrenz droht. Ich staune wieder einmal, wie die Welt doch in Bewegung geraten ist, staune über das, was sich da vergangenheitstief und zukunftsoffen mischt. In jeder Hinsicht.

Dmitrij Andrejewitsch Dostojewskij, Verwandter

Aus dem Leben des Urenkels Dostojewskijs

> *»Alle glücklichen Familien gleichen einander, jede unglückliche Familie ist dagegen unglücklich auf ihre besondere Art.«*
>
> LEW TOLSTOJ,
> Anna Karenina

Wenn das Telefon klingelt, meldet sich Dmitrij Andrejewitsch – entgegen russischer Sitte, ein *»allo«* in den Hörer zu brüllen – immer mit seinem Nachnamen »Dostojewskij«. Dmitrij Andrejewitsch schätzt es eben, dieser Familie anzugehören, Erbe eines großen Namen zu sein; Eitelkeit oder Snobismus treiben ihn dabei nicht um, das wäre eine andere Geschichte. Nicht die der Nachfahren des großen Dostojewskij, der in seiner berühmten Puschkinrede 1880 den Russen zugerufen hatte: »Demütige dich, stolzer Mensch.«

Dmitrij Andrejewitsch streicht sich nachdenklich durch den zottigen Bart. »Als meine Mutter mir irgendwann eröffnete, dass ich der Urenkel Dostojewskijs bin«, erinnert er sich an seine erste Begegnung mit dem Dichter, »habe ich angefangen ihn zu lesen. Aber noch mehr habe ich mit ihm gekämpft, ich hab' all die

Helden und ihre Taten nicht verstanden. Und ich wollte ein stolzer Mensch sein.« Die trotzige Rebellion im frühen Alter gegen die Worte des Urgroßvaters kann Dmitrij Andrejewitsch heute nur noch nachsichtig belächeln. Jugendlicher Widerspruchsgeist … Und er heftet den Blick an ein Foto Dostojewskijs, als wolle er sich und seinem Urgroßvater noch einmal versichern, dass heute alles anders ist.

Dostojewskij sei immer bei ihm, sagt Dmitrij Andrejewitsch. »Fjodor Michailowitsch sitzt immer irgendwo im Kopf.« Die symbiotischen Familienbande zu dem ganz Großen der Weltliteratur sind Dmitrij Andrejewitsch auch ins Gesicht geschrieben. Die gleichen, in tiefen Höhlen liegenden Augen, die leicht eingefallenen Wangen, das dünne Haar, in Strähnen über den Kopf gekämmt, der altrussische Bart. Und wie beim Urgroßvater haben das Schicksal und all die Anstrengungen gegen das Schicksal tiefe Spuren im Gesicht hinterlassen.

Wir sitzen in einem der verkramten Arbeitszimmer des Dostojewskij-Museums im Kusnetschnyj pereulok, einer kleinen, vom Obst- und Gemüsemarkt heftig pulsierenden Straße. Hier war die letzte Petersburger Adresse des Dichters, im Winter 1881 war Dostojewskij in seiner Wohnung einem Blutsturz erlegen. Dmitrij Andrejewitsch hat Tee gemacht und packt Gebäck von seiner Schwiegertochter aus. Gedeckter Apfelkuchen und *pirogi* mit bitteren

Moosbeeren – die mochte auch der Dichter. Im Handumdrehen ein nettes Teestündchen. Dostojewskij erzählt. Ausgerechnet an Lenins Geburtstag, am 22. April, wurde er 1945 in Leningrad geboren. Sein Vater, der Enkel des großen Dostojewskij, war noch im Krieg, fern in der Mandschurei. Er hatte immer eine kleine Büste des Dichters dabei – nur deshalb habe er das Gemetzel überlebt, ist Dmitrij Andrejewitsch überzeugt. Im Sommer 1945 kam der Vater nach Hause. Zu Hause – das war ein Zimmer in dem hochherrschaftlichen Stadtpalais des Onkels in der Poschtamtskaja uliza, das nach der Revolution »verdichtet« worden war. *Uplotnenije* nannte man das, wenn die Besitzer eines Hauses in einem Zimmer zusammengepfercht und alle anderen Zimmer an Zuzügler aus der Provinz vermietet wurden. Irgendwann waren sie dann zu fünfzigst im Hause Dostojewskij – und teilten sich Küche und Badewanne. »Im Esszimmer neben uns wohnte eine Familie vom Land«, weiß Dmitrij Andrejewitsch noch, nette Leute seien das gewesen, nur aus einer anderen Welt. Altgläubige, die sprachen »eine andere Sprache«.

An dem schwierigen Zusammenleben mit den anderen hat sich Dmitrij Andrejewitsch auch literarisch versucht, denn das mit dem Schreiben ist bei einem Dostojewskij »natürlich eine Sache der Gene«. Seit ein paar Jahren bringt Dmitrij Andrejewitsch mit seiner klappernden Schreibmaschine seine Lebensmitschriften zu Papier. Schreiben ist ihm so etwas wie Berufung und die zählt für einen, der keinen Beruf hat. In der Schule war Dmitrij Andrejewitsch keine Leuchte; vieles von dem, was da unter Stalin und Chruschtschow auf dem Stundenplan stand, konnte einem ja auch eher den Verstand rauben. Die Werke Dostojewskijs galten als »sozial gefährlich« und der Literaturunterricht fand ohne Raskolnikow und die Brüder Karamasow statt. Der Schule folgten mehrere Jahre als Soldat, erst auf Kuba, dann in der DDR und schließlich in Prag. Mittel- und orientierungslos kam Dmitrij Andrejewitsch 1968 wieder nach Leningrad. »Ich hatte damals kein Dach über dem Kopf und wusste nicht, wohin.« Ein Glück für den jungen Dostojewskij, dass zu dieser Zeit in der letzten Wohnung seines Urgroßvaters – Dostojewskij war in St. Petersburg zwanzigmal umgezogen – ein Museum eingerichtet wurde. »Ich konnte hier schlafen – fast auf dem Sofa Fjodor Michailowitschs.«

Irgendwie ist es nicht gerade ein Segen, ein Dostojewskij zu sein. Ein sorgloses Leben ist mit diesem Namen jedenfalls nicht zu haben. Schon der Urgroßvater hatte – unablässig in Geldnöte verstrickt – geklagt: »Ich bin ein Proletarier unter den Schriftstellern.« Und das Proletarische blieb hängen – an den Söhnen, den Enkeln, am Urenkel, auch an Dmitrij Andrejewitschs dreißigjährigem Sohn Aljoscha. Der ist Straßenbahnschaffner in St. Petersburg. Ein Proletarier unter den Ururenkeln der großen Schriftsteller. Nicht ein Rubel floss jemals aus dem globalen Geschäft mit den Werken Dostojewskijs an die Adresse seiner Petersburger Nachfahren; nur einmal, erinnert sich Dmitrij Andrejewitsch leise, während ihn die Scham überkommt, da sei er in einer so völlig verzweifelten Lage gewesen, dass er als Bittsteller nach Moskau fahren musste, zum Schriftstellerverband.

Seit Dmitrij Andrejewitsch der »Mann für alles« im Dostojewskij-Museum ist, hier einen Nagel in die Wand schlägt, dort nach der Heizung guckt und ansonsten den Urenkel Dostojewskijs abgibt, seitdem hat er ein Auskommen. Und ein Zuhause. Da draußen, in der Plattensiedlung am Rande St. Petersburgs, in Kuptschino, wo Dmitrij Andrejewitsch mit Frau, Sohn, Schwiegertochter und seinen zwei kleinen Enkelinnen in einer kleinen Wohnung lebt, da hat er sich immer fremd gefühlt.

Das Wohnungsmuseum Dostojewskijs steckt hingegen voller warmer Erinnerungen – es war ja auch schließlich Dmitrij Andrejewitschs Familie, die die wenigen Habseligkeiten, die noch aus dem Besitz des Dichters kamen, dem Bestand beisteuerte. »Zwischen den Möbeln hat sich meine Kindheit abgespielt.« Dmitrij Andrejewitsch zeigt mir eine

Anrichte, an deren Ecke er angeschlagen war, als er versuchte, mit dem Fahrrad durch das Zimmer der Familie zu fahren. »Ich hatte damals eine Gehirnerschütterung. Die Röntgenaufnahmen habe ich aufbewahrt und weil nun schon mal die Anrichte hier im Museum steht, werde ich dem Museum auch irgendwann die Bilder von meinem Kopf überlassen.« Auf diesen Bildern sieht man dann sicher auch Dostojewskij, wie er da bei seinem Urenkel im Kopf sitzt. Und immer wieder für kleine Wunder sorgt, die das Leben ein wenig leichter machen. Die das Dostojewskij-Dunkel des Lebens etwas aufhellen. Dmitrij Andrejewitsch hat das schon oft erlebt.

Kunstunternehmerische Gründerlaune

Die Eremitage auf XXL-Kurs

Wenn man bedenkt, wie groß alles ist. Russland – riesengroß; enorm groß auch St. Petersburg; der Schlossplatz – ein Platz der großen Weite; die Eremitage – fünf Gebäude groß, mehrere Ausstellungskilometer; die Sammlung – 2,7 Millionen Exponate groß, darunter viele Großkaliber der Kunstgeschichte; die Zahl der Besucher – sie rechnet sich nach zwei bis drei Millionen jährlich – beeindruckend groß. Und jetzt soll alles noch größer werden. »The greater Eremitage«, die größere Eremitage, nennt sich ein von der UNESCO unterstütztes Erweiterungsprojekt, in dessen Rahmen das Museum den ganzen Schlossplatz umschließen wird. Der Schlossplatz? Der Innenhof der Eremitage! Empire-Möbel und Großformate der klassischen Moderne wechselten bereits in den Ostflügel des kaisergelben Generalstabsgebäudes, das sich im weiten Halbrund gegenüber dem Winterpalast öffnet. Und im Westflügel zieht jetzt die Armee aus und die Kunst ein. Galerien, Theater, Restaurants, Cafés, Konzertbühnen und ein Multimediacenter sind ebenfalls geplant – man hat ja Großes vor und greift nach allen zu vergebenen Baedeckersternen.

»Die kulturellen Aktivitäten der Eremitage schaffen eine optimistischere Atmosphäre in der Stadt«, sagt Michail Piotrowskij, der Direktor, und entwirft ein Bild der Eremitage als Russlands blühender Standort: Die Stadt werde dadurch interessanter, Menschen kämen aus aller Welt und die Menschen, die hier lebten, wollten Geld. »Sie werden sich etwas ausdenken, wie man zu Geld kommt, und nicht nur weinen, dass sie keins haben.« Michail Piotrowskij, selbst kein Mann von Jammertönen, muss ja wissen, wovon er da spricht. Als Direktor der Eremitage leitet er eine Sammlung, die fast zehnmal so groß ist wie die des Louvre, aber mit nur einem Prozent des Pariser Budgets auskommen muss.

Der Patron der Eremitage sitzt verbarrikadiert hinter seinem großen Schreibtisch, auf dem sich Kataloge, Prospekte und Papiere türmen. Groß und in Öl Katharina II. hinter ihm an der Wand, die Gründerin der Eremitage. »Gebe Gott Uns, was Wir wünschen, und gebe Er es rasch«, war einer ihrer markigen Trinksprüche. Michail Piotrowskij mag diese Worte eher als Stoßgebet zum Himmel gerichtet haben; Ende der neunziger Jahre beispielsweise, als der Staat nicht mehr für seine Kultur zahlte. Da stand die Eremitage vor der Schließung, um die Bestände zu erhalten. Das ist die Vorgeschichte für den Aufstieg Putins zum bizarren Retter. Putin ist Petersburger und das ist, glaubt jedenfalls Piotrowskij, schon ein gewisser Heilsplan für die Eremitage. »Zum ersten Mal seit hundert Jahren haben wir einen Staatsführer, der die Eremitage nicht nur aus Büchern kennt, sondern seit Kindertagen mit dem Museum vertraut ist.« Gute Beziehungen, gute Bilanzen. Ein großer Rest bleibt indes, den das Museum selbst einbringen muss. Aber der Professor für Orientalistik wurde längst zum Unternehmer und hat sich eine zugkräftige, verblüffend schlüssige Imagewerbung einfallen lassen. »Die Eremitage hat in aller Welt Kunst gesammelt und deshalb gehört die Eremitage der ganzen Welt.« Eine Mischung aus Flirt und Deal, die zieht. An der Totalrenovierung der Eremitage beteiligen sich deshalb auch gleich mehrere Länder und Großunternehmen, da will sich keiner etwas nachsagen lassen. Und seitdem im Winterpalast wieder die Heizung funktioniert, die Fundamente trocken gelegt sind und Computer anstelle von *babuschkas* bei der Orientierung in den Kunstsammlungen helfen, denkt der Direktor an Wachstum. Freilich ohne jede Anwandlung eines Big Boss. Michail Piotrowskij ist eher ein schöngeistiger King, einer, der sagt, es gäbe »nichts Schöneres auf der Welt als die Eremitage«. Und ein Museum von Welt braucht in der globalisierten Moderne Weltanschluss, Dependancen. Zwei davon hat die Eremitage bereits, in Las Vegas und London, weitere Zweigstellen werden in den kommenden Jahren in Amsterdam, in Kasan sowie in Tokio eröffnet. Was nach einer Petersburger Antwort auf das Guggenheim-Imperium von New York über Venedig bis Bilbao klingt, ist auch ein Jointventure. Die beiden Kunstriesen ließen sich zur Jahrtausendwende von dem Stararchitekten Rem Koolhaas ein Museum – natürlich ein architektonisches Ausrufezeichen – in Las Vegas bauen, gleich neben dem Casino – wo sonst? Die Grenze zwischen dem Ökonomischen und dem Kulturellen ist bei den Guggenheims und den Eremitagens längst gefallen. Geld? Am Ende eine höhere Form der Kunst!

Das muss sich alles gut anfühlen für Michail Piotrowskij und seine Leute, dass es mit der Einsiedelei in der Eremitage nach langen Jahrzehnten ein Ende hat. »Wer nicht zu uns kommt, zu dem kommen wir«, sagt der Direktor, ein Versprechen, das er mit allen Mitteln der Kunst hält. Wie jetzt da draußen, am Rande St. Petersburgs, wo zum dreihundertsten Gründungsjahr der Stadt 2003 eine Dependance zwischen Plattenbauten eröffnet wird. Kutschen, Möbel, Tapisserien, die Kostbarkeiten der Zaren leisten hier Kulturarbeit. Etwas Eremitage soll für Geschichte sorgen an einem geschichtslosen Ort. Auch von sozialer Gleichheit ist die Rede, nicht mehr alle können sich die Fahrt in die Innenstadt leisten.

Wer sich indes aufmacht zum Schlossplatz von St. Petersburg, der muss ab dem Jubiläumsjahr nicht mehr den bescheidenen Eingang der Eremitage an der Newa suchen, der kann dann durch das prächtige Hauptportal ins Kunstschloss schreiten. In ein Kunstschloss, das nicht mehr nur Pantheon sein will, sondern auch Forum. Die Größe dazu hat die Eremitage allemal.

Auf den Schwingen des doppelköpfigen Adlers

Mit Arkadij Iswekow vorwärts in die Vergangenheit

Dass Adel verpflichtet, das sagt sich so leicht, das sagt sich so dahin. Arkadij Iswekow erlebt das jeden Tag. Immer wenn er nach Hause kommt, dann stehen sie meist schon im Innenhof, sofern es nicht gerade hagelt oder das Quecksilber unter minus zwanzig gefallen ist: zehn bis zwölf Männer, ein kumpeliges Grüppchen, versammelt um die Motorhaube eines geparkten Autos, auf dem sich die Flaschen und die ein, zwei Gläschen abstellen lassen. Feierabend. Auch eine Form gelebter *sobornost*, das Zauberwort der letzten Jahre, das man nur ungefähr mit »Gemeinschaft« übersetzen kann, eher schon geht es um die Gemeinschaft der Seelen. *Sobornost* in der Anonymität der russischen Millionenstädte ist ein seltenes Phänomen und Arkadij Iswekow, der alles Altrussische und Urslawische liebt, hätte sich sicher gefreut, davon zu hören, nur vor seiner Haustür macht ihm die Gemeinschaft manchmal arg zu schaffen. Die Männer im Hof wissen nämlich, dass altes russisches Blut durch seine Adern fließt, blaues Blut, und wenn Arkadij Iswekow nicht in den Ruf arroganter Überheblichkeit kommen will, muss er sein blaues Blut beim Nachhausekommen mit *sto gramm* verdünnen. Hundert Gramm, das ist das russische Mindestmaß für Wodka. Diese Leute in seinem Hof, die unterscheiden sehr genau zwischen *nasch,* unseres, und *ni nasch,* nicht unseres. Zu Letzterem zu gehören, kann sich Arkadij Iswekow nicht leisten, denn er hat ja nicht nur als Nachbar einen guten Ruf zu verlieren. Arkadij Iswekow repräsentiert auch eine neue gesellschaftliche Klasse im postsozialistischen Russland: den alten Adel. Und dem steckt die Revolution noch ganz schön in den Knochen. Manchmal lasse er sich von einer Freundin übers Handy anrufen, sagt Arkadij, und dann gebe er vor, er müsse schnell nach Hause, noch was erledigen. Kleine Lügen in der Not.

Mehr als sieben Jahrzehnte Klassenlosigkeit haben tiefe Risse ins feudale Fundament des russischen Adels gefräst – vor ein paar Jahren konnte man in den *Moskowskije Nowesti* lesen, dass der Urenkel Alexanders II., Georgij Alexandrowitsch Yourievsky, der in Graubünden aufgewachsen ist und lebt, nun Russisch lernen wolle. Emsig daher die Suche nach neuen Formen für einen alten Stand. Mitunter kommt es dabei zu recht krausen Erscheinungen, vor allem auf dem politischen Parkett. Da würden die Reste der Rechtgläubigen-Monarchistischen Ordenspartei lieber heute als morgen den goldenen Zarenthron aus der Eremitage tragen und wieder besetzen. Und solange dieser Tag noch nicht gekommen ist, schmettern die von nostalgischem Wunschdenken befallenen Mitglieder unverdrossen die alten weißgardistischen Kampflieder, die alten Melodien von rotwangigen Mädchen, Piroggenduft und Kringeln, Glockenklang und Zarenkanone. Arkadij Iswekow macht eine abfällige Handbewegung. In der Tat scheint die Wiedereinführung einer Monarchie in Russland mehr als unwahrscheinlich, zumal Präsident Putin zu alter Führungsstärke zurückgefunden hat und den »Glauben an die Größe Russlands« als Rezept für die überfällige Modernisierung des Landes empfiehlt. Das hätte ein Zar vielleicht nicht anders formuliert. Plötzlich strafft sich Arkadij Iswekow und steht auf, um ein Buch aus dem Regal zu ziehen: Die Familiengeschichte der Iswekows, recherchiert und aufgeschrieben vom Vater, sechshundert Seiten Tradition. »Unser Geschlecht ist älter als St. Petersburg«, sagt der 38-Jährige mit einer vornehmen Distanz, wie sie Adelige gerne pflegen. Kein blanker Stolz ist da zu hören, keine Prätention. Man möchte Arkadij Iswekow als einen distanziert höflichen Feingeist beschreiben, ein wenig ernst, ein wenig streng, immer kontrolliert, ganz wie die Stadt. Es bereitet ihm sichtlich Vergnügen, über seine Vorfahren zu erzählen, eine Familientradition auszubreiten, die bis ins Jahr 1400 zurückreicht und sich gerade neu zusammensetzt. Die Iswekows, deren Name allein schon für Geschichte bürgt und wörtlich übersetzt so viel wie »aus Jahrhunderten« bedeutet, sind mit ihrem über sechshundert Jahre alten Stammbaum weit erhaben über irgendwelche bisweilen eigenmächtig verliehene Fürsten- und Grafentitel. Und in einer Zeit, in der die Bojarenkultur, gegen die Peter der Große St. Petersburg bauen ließ, wieder chic ist, verzeichnen alte Adelsgeschlechter wie die Iswekows mächtige Aufmerksamkeitsgewinne.

Arkadij Iswekow fühlt sich jedoch trotz altrussischer Abstammung noch ganz frisch blaublütig. Denn erst seit etwa zehn Jahren kristallisiert sich die Partitur seiner Vorfahren aus der Zeit. Sie hätten gar nicht mehr daran gedacht, dass sie von hohem Adel seien, sagt Arkadij Iswekow. »Mein Vater hat mir nie erzählt, warum mein Großvater gestorben ist.« Das wusste der alte Iswekow wohl selber nicht so genau; erst als er nach zwei Jahren *Perestroika* allen Mut zusammennahm und beim KGB im tatarischen Kasan anfragte, erfuhr er, dass sein Vater, ein Biologe, nach seiner Verhaftung 1937 sofort erschossen worden war. »Das große Zerbrechen«, so nennt Solschenizyn den Terror, kappte die Verbindungen, mit denen langsam auch die Erinnerungen verschwanden.

In der Vergangenheit standen die Iswekows

im Dienste des Zaren, unter Iwan dem Schrecklichen war die Familie reich geworden, für die Eroberung von Kasan, an der ein Vorfahr Arkadijs beteiligt war, gab es Land und Leute. Die treuen Dienste an der Waffe hat das Wappen der Familie geprägt: eine Armbrust, über der sich ein Säbel und ein Pfeil kreuzen. Irgendwann müssen diese vielseitig begabten Waffenträger die Vorzüge des Friedens schätzen gelernt haben, seit dem 19. Jahrhundert jedenfalls haben sie eine Linie der Naturwissenschaftler begründet. Arkadij ist schon der Dritte im Stamme, er hat Chemie studiert. Von den Elementarteilchen ist er inzwischen aber bei der »Krisengeschichte der europäischen Kultur« gelandet, über die er im Fachbereich Philosophie seine Dissertation schreibt.

Das Familienwappen der Iswekows hat seinen Platz im Arbeitszimmer gleich neben Arkadijs »Diplom«. Diplom Nummer 1742 der russischen Adelsgesellschaft bezeugt echten russischen Adel und ist im Namen der »Vereinigung der Nachfahren des russischen Hofes« von Fürst Golizyn unterzeichnet. Urkunden wie diese sind heute wichtig. Wo die feudalen Lebenswelten bis auf einen Brieföffner, eine Tasse oder ein Opernglas nahezu vollständig verschwunden sind, tragen sie dazu bei, dass Adel vielleicht etwas mehr ist als Wille und Vorstellung. Arkadij Iswekow hat sich jedenfalls auch größte Mühe gegeben, seine Wohnung in einem der schlichten Petersburger Wohnhäuser unweit des Zentrums so gediegen wie möglich herzurichten: der Vater und die Mutter hängen in frischem Öl zu beiden Seiten des Esstisches, der unter einer dicken Damastdecke verschwunden ist. Und nach altrussischer Tradition zelebriert Arkadij Iswekow gleich seinen bojarischen Vorfahren im *krasnyj ugol*, dem Herrgottswinkel am Fenster, seine Morgen- und Abendandacht vor vier kleinen Ikonen auf einem Bord – streng genommen ist das auch eine Andacht an die Familie: die vier Heiligenbilder sind alles, was aus ihrem Besitz geblieben ist. Und wenn Arkadij die Ikone Georgij des Drachentöters vom Bord nimmt und an die Lippen zum Kuss führt, da versteht man – bei allem slawophilen Pathos – dass die Familie auch Schwermutsgebiet ist.

Die Auslöschungen der Geschichte – sie sind endgültig und vielleicht wird das in Russland nirgendwo so deutlich wie in St. Petersburg mit seinem Überschuss an Palästen, in einer Stadt mit einer durch und durch feudalen Architektur, die zum bloßen Blendwerk degradiert wurde, zur Kulisse, die noch für jeden Historienschinken taugen würde, nur zu dem heutigen Sozialdrama einen schrägen Widerspruch bildet.

Keine andere Stadt hat so viele »Museen der materiellen Kultur« wie St. Petersburg. Was das für ein Museumstyp ist? Der für jedermann geöffnete Palast. Der Adel indes behilft sich bei gesellschaftlichen Anlässen mit Mieträumen – feudalen Zuschnitts natürlich. Zum Ball lädt die Petersburger Adelsgesellschaft gerne in das Jelagin-Palais auf der gleichnamigen Insel im Nordwesten der Stadt, eine der vielen Sommerresidenzen der Romanows mit einer schön geschwungenen Auffahrt und einer von Löwen flankierten, breiten Treppe, über die es sich so schön hochherrschaftlich schreiten lässt. Wenn allerdings die europäischen Verwandten anreisen oder sich gar jemand der Romanows ankündigt, dann bekommt man für den Abend auch schon mal den Großen Saal des Katharinenpalastes in Zarskoje Selo, einen der größten Ballsäle Europas, in dem schon Katharina die Große rauschende Feste feierte. Als die Iswekows zum ersten Mal zum Ball gingen – *bal*, das Wort kannte Arkadij allein aus der Literatur, aus den Romanen Tolstojs –, da stellte sich ihnen vor allem die Frage standesgemäßer Garderobe. Der Dresscode der Adelsgesellschaft sieht Fliege und Smoking für den Herrn vor, für die Dame lang und festlich. »Mein Vater kaufte für fünfhundert Dollar einen Anzug und ich habe das erste Mal eine Fliege getragen«, sagt Arkadij Iswekow noch sichtlich gerührt über sein ungewohntes Erscheinungsbild, das gleich über mehrere Seiten im Fotoalbum dokumentiert ist. Dieser Festball muss für Arkadij Iswekow wie ein Pfingsterlebnis gewesen sein, er hat in ihm etwas aufgeschlossen, was nur darauf gewartet hatte erschlossen zu werden: Blaublütigkeit, stilgerecht. Daraus entspringt ein anderer Umgang mit der Realität, ein Paradigmenwechsel, der Hand in Hand geht mit dem Wechsel vom Kurz- ins Langzeitgedächtnis. Arkadij Iswekow ist damit ganz auf der Höhe der Zeit, wappnet sich doch gerade ganz Russland im Augenblick der Krise mit dem Plusquamperfekt gegen die Wirklichkeit. Leuchtet aus jenen grandiosen Zeiten nicht die so schmerzhaft vermisste russische Würde und Ehre auf?

»Ich bin ein anderer und das bedeutet auch eine andere Verantwortung meinerseits«, umschreibt Arkadij Iswekow vage seine hochherrschaftliche Veränderung und da schwingt auch so ein unbestimmtes, raunendes Gefühl mit, dass Russland auf den eigenen Schultern …, dass die Wiedergeburt Russland vom alten Adel …

Bislang freilich spürt Arkadij Iswekow die neue Verantwortung vor allem dem Klüngel im Hinterhof gegenüber. Aber Wodka war ja auch bei Hofe zeremonieller Trank. Und ein altes russisches Sprichwort besagt: »Hundert Kilometer sind keine Entfernung, hundert Jahre kein Alter und hundert Gramm kein Wodka.«

Muskelmasse

Bei den gut gelaunten Krafttitanen

Jura wippt mit dem Fuß einen Rhythmus, es scheint Techno zu sein, er geht so hämmernd, dass auch manchmal der Kopf wackelt. Jura ist nervös. Reden, sprechen, kommunizieren – alles nicht seine Stärke, obwohl Jura ansonsten ein ziemlich starker Kerl ist. Aber der 25-Jährige ist kein Mann der großen Worte, sondern einer der großen Muskeln. Fünf Stunden Krafttraining am Tag über Jahre, da nehmen die Muskeln dann schon Formen an wie eine Brötchentüte kurz vor dem Knall. Stolz hat er mir gerade schon seinen Bizeps gezeigt, den ich auch so gesehen habe, aber dieses Muskelspiel, das ist es, worauf Jura sich versteht, also muss ich es wohl über mich ergehen lassen. Mit einem Ruck – diese Leute wenden für alles so viel Kraft auf – fliegt das Muskel-Shirt auf einen Stuhl und dann anspannen, Rücken, Arme, entspannen, wieder anspannen, bewegen, entspannen. »Haben Sie so etwas schon einmal gesehen?« Meint er das Muskelspiel oder die Tätowierung auf dem Rücken, ein alienhaftes Geschöpf aus der unendlichen Serie »Star Wars«? Beides sehe ich zum ersten Mal, dass ich mehr auch gar nicht sehen möchte, behalte ich für mich, schließlich wollte ich ja etwas über Muskelpakete schreiben, nicht über die, die in St. Petersburg Balkone schultern und Laternen in die Nacht halten müssen, sondern über die, die sich schwer über den Newskij schleppen, in der Regel aber eher stehen. Über die, die das Haar nicht in Locken, sondern in kurzen Stoppeln tragen, weil in ihren Kreisen ein Stiernacken als Schönheitsideal gilt. Die Russen nennen sie trefflich *katschki,* was soviel wie »Muskelpumpen« bedeutet.

Ich muss ziemlich hilflos – im besten Fall – geguckt haben, jedenfalls hat Jura es irgendwie verstanden, dass er keine Muskeln mehr zeigen muss. Ob ich eine Pepsi wolle? Das hat mich seit meiner ersten Tanzstunde niemand mehr gefragt. Außer Muskeln ist Jura auch die Höflichkeit in Person, jedenfalls mir gegenüber. Er kann auch anders, das ahnt man. Auf seiner kurzen Stirn perlt der Schweiß, mir fällt eine Zeile Majakowskijs ein, »Die Hemden, die Schweißigen«. Nur dass Jura keine Schweißarbeit fürs Volk, sondern für seinen Boss verrichtet. Dem gehört das Havanna, eine der größeren Diskotheken St. Petersburgs. Juras Aufgabe ist es, die anhand von Face- und Dresscode getroffenen Entscheidungen des Türstehers mit seiner bulligen Präsenz zu untermauern. Seit drei Jahren erledigt Jura diesen Job, doch denkt er an berufliches Fortkommen, lieber würde er in den Bereich »Personal Security« wechseln. Da stehen ihm in Russland zur Zeit alle Türen offen, denn schon lange reicht ja nicht mehr nur der Ellbogen, um die gleichnamige Freiheit zu erreichen: Hoppla, hier komm ich. Dafür braucht man heutzutage einen Trupp Muskelpumpen hinter sich.

Es ist Freitag Nachmittag und im Planet Fitness, dem Elite-Kraftclub St. Petersburgs am Ufer der Newa, werden die Muskeln gestählt. Alles vom Feinsten hier, die Spiegel, die Auslegeware, die Klimaanlagen in den Fenstern, die Geräte, Beinpresse, Brustpresse, Matten; alles »Euro-Standard«, hat der Besitzer gesagt, der so der Typ ist, der auch geistig die Füße immer auf dem Tisch liegen hat. Ein gemachter Mann mit goldenem Kettchen um den Hals und Handy am Gürtel. Sein Club ist einsame Klasse unter den Petersburger Fitness-Studios, das sieht man schon vor der Tür, wo nur Range Rovers mit abgedunkelten Scheiben parken, BMWs und eine Sonderanfertigung von Mercedes. Wer aufpasst, dass nichts schief geht, verdient gut.

Stichwort schwarze Scheiben: Das russische Gesetz verbietet sie, trotzdem verschwinden Fahrer und Insassen aller Fahrzeuge ab Ford Escort aufwärts im dunklen Nichts. Jedem Neuankömmling fallen diese ominösen Wagen im Petersburger Straßenverkehr auf, schon allein deshalb, weil die meisten nur Vollgas kennen, bloß die Miliz scheint keine Notiz von ihnen zu nehmen. Wer wollte ihr das verübeln? Wenn so ein Fahrer ärgerlich wird und anfängt zu pumpen ... Natürlich hat auch die Miliz so ihre Muskeln, aber die kommen in dringenderen Angelegenheiten zum Einsatz.

Planet Fitness ist in St. Petersburg wirklich ein anderer Planet. Muskelaufbau macht glücklich und erfolgreich, die breitschultrigen Leute hier geben sich ganz endorphinverwöhnt. Alle sind gut gelaunt, wenn der Chef vorbeikommt, wird das regelmäßige Schnaufen, Ächzen und Stöhnen für ein kurzes »Hallo, wie geht's, alles o.k.? *Wse normalno*?« unterbrochen, man kennt einander und man hilft einander. Ganz anders als draußen bei den Missvergnügten. Aus den Boxen rieselt Barry White, an der Bar nehmen drei junge Männer den Platz ein, der normalerweise für fünf oder sechs reichen würde und lassen sich von einem wasserstoff-gebleichten Mädchen Proteindrinks reichen. Umständlich fummelt der Typ in der Mitte an der Lasche zum Aufziehen der Dose herum, Feinarbeit sind die Hände nicht mehr gewohnt. Ob die noch einen Stift halten könnten?

Jura will mir den Raum mit den »free weights« zeigen, wo er trainiert. Als wir die Tür öffnen, fällt gerade krachend eine Hantelstange von zwanzig Kilo zu Boden. »Ein Anfänger«, sagt Jura und hat ein leutseliges Lächeln aufgesetzt, das eine wichtige Information vermitteln soll: Er schafft mehr, nicht ganz das Doppelte, aber 33 Kilo. Ist das Clubspitze? Jura schaut mich aus großen Augen an. Nein, natürlich nicht, da gebe es welche, die schafften 38 Kilo, aber die kämen immer abends zum Training, eine ganze Gruppe. Da sei auch einer dabei, der dreihundert Kilo mit beiden Händen vom Boden lösen könne. Dem hätten sie mal die Nase zertrümmert, seitdem sei er wütend und jeder habe Respekt vor ihm. »Russland hat sehr starke Männer«, sagt Jura stolz und schlicht. Und dann entpuppt er sich plötzlich als doch gar nicht so redefaul, wie ich am Anfang gedacht hatte, und vertraut mir noch ein Geheimnis an. Es gebe da auch eine Sauna, zur Entspannung nach dem Muskelaufbau, und da gebe es auch »Mädchen«. Zur Bekräftigung spannt er den Oberkörper. Mädchen – wahrscheinlich nur eine andere Form von Hanteln für Typen wie Jura.

Von Panzern und Pelmeni

Wie die »kirowze« ihre Heimat verloren haben

Sogar vom Mond aus soll man sie sehen können, die Kirow-Werke im Südwesten St. Petersburgs. Mag sein, dass Gagarin seinerzeit die Fabrikanlage auf Bestellung sichtete oder hat es Laika gar gebellt? Wie auch immer, groß sind sie zweifellos, die Kirow-Werke, astronomisch groß. Gigantische Werkshallen, Schornsteine, Hochöfen, Kühlöfen, Kräne, Röhren, ein Hafen, ein Güterbahnhof sowie ein Netz von Straßen und Brücken auf 1,5 Millionen Quadratmetern am Finnischen Meerbusen. Eine Stadt in der Stadt. Großbauten des Sozialismus mit einer Tradition, die bis weit in die Zarenzeit reicht. Da muss einer schon ein ganz schön inniges Verhältnis zu diesem Industrieriesen haben, um über ihn wie über einen guten Verwandten zu sprechen. »Die Kirow-Werke machen immer das, was sie wollen, nicht das, was die anderen wollen«, sagt Walentina Wassiljewna. Und rückt den Kragen ihres gestärkten Kleides zurecht, eines weiten, beigefarbenen Kleides, das sie gut ausfüllt.

Walentina Wassiljewna ist die Pressesprecherin der Kirow-Werke, das journalistische Handwerk hat sie noch unter Breschnjew gelernt, in den sowjetischen Siebzigern, so etwas prägt. Erwartungsgemäß steht denn auch alles zum Besten in den Kirow-Werken. Freundlich und selbstzufrieden spricht Walentina Wassiljewna von den schwarzen Zahlen, die das Unternehmen heute schreibt. Die Produktion laufe, Gazprom kaufe die »sehr guten Kettenfahrzeuge«, die sie bei der Öl- und Gasgewinnung in dem unwegsamen Gelände der Tundra einsetzen kann, die gepanzerten Autos fänden für »Werttransporte« einen guten Absatzmarkt in Tschetschenien, wohl neben anderen Erzeugnissen der Kirow-Werke, über die Walentina Wassiljewna aber nicht spricht, und die Landwirtschaftsfahrzeuge, die exportiere man unter anderem nach Deutschland. So weit die Ergebnisse der Konversion, die auch in den Kirow-Werken Kapriolen geschlagen hat.

Früher produzierten die Kirow-Werke Panzer. Und soziale Sicherheit. Die mehr als vierzigtausend Arbeiter, die man nie auf irgendwelche »Coporate-identity«-Schulungen schicken musste, weil sie sich weit über das betriebsklimatisch warme »Wir« hinaus als *kirowze* verstanden, wohnten in fabrikeigenen Wohnungen im Kirowskij-Rayon, die Kinder gingen in den Kindergarten des Werks, die Mütter hatten in der Kombinatsklinik entbunden, abends ging man zum Schwofen in den säulenbewehrten Kirow-Kulturpalast, am Wochenende vertrieb man sich die Beine auf dem

Sportplatz der Fabrik, den Urlaub verbrachten die *kirowze* im werkseigenen Erholungsheim auf der Krim. Das war zu den ganz großen Zeiten der Kirow-Werke, als sie neben Panzern auch noch atombetriebene U-Boote und Eisbrecher bauten. Als sie mit dem höchsten, dem Lenin-Orden belohnt wurden und man mit Maschinen noch Triumphe feiern konnte. Als die *kirowze* zwar wussten, dass sie nicht im verhießenen Paradies lebten, aber besser als die kleinen Leute anderswo. Seitdem es mit der Sowjetunion vorbei ist, sind die Zeiten nicht mehr so groß und das sich einst weit zwischen Kurpark und Kombinat erstreckende Kirow-Reich zerfiel. Es zerbröckelte in 25 unterschiedliche Firmen und geriet dabei unter die Herrschaft von Aktionären, die auf ihre Kosten kommen wollen. Zehntausend Arbeiter und Angestellte mussten deshalb gehen. Wer Glück hatte, fand bei den neuen Betrieben Arbeit, an die die Kirow-Werke ihre frei gewordenen Produktionsflächen vermieten. So wie die etwa hundert *kirowze,* die heute nicht mehr Panzer bauen, sondern *pelmeni* formen, die russische Variante der Tortellini.

Vieles ist jetzt anders in den Kirow-Werken. Nur die *kirowze,* die sind angeblich noch die alten. Gegen alle anders verlautenden Behauptungen stellt sich Walentina Wassiljewna taub. Die Einheit von Arbeiter und Fabrik – das ist einer ihrer liebsten Textbausteine. »Das Werk ist für die *kirowze* nicht einfach nur ein Ort der Produktion, sie sind dem Werk mit der Seele verbunden«. Womit, um Himmels willen, sollte sich die Seele hier verbinden? Wo doch nichts mehr Heimat, alles längst Standort ist? Walentina Wassiljewna bilanziert indes bündig die aktuellen sozialen Errungenschaften der Kirow-Werke und schmückt eine hemdsärmelige Werktätigen-Idylle aus. Im Winter veranstalteten die Kirow-Werke »kollektive Gesundheitstage« am Finnischen Meerbusen. Vier- bis fünfhundert Leute würden dann dort hinfahren, Ski laufen und Schlitten fahren. »Es gibt *bliny* und heißen Tee, Musik, es ist wirklich sehr schön dort.« Ich werde zum Vergleich mit spätkapitalistischen Staaten gebeten. Kurz muss ich überlegen, ob es bei uns so etwas gibt wie »kollektive Gesundheitstage« und denke dann, dass solche Tage alle eher krank machen würden.

Das Daseinsglück, das die Kirow-Werke auch als Aktiengesellschaft verschaffen – das sollen nicht nur leere Worte sein, darum stellt mir die Pressesprecherin Alexander Michailowitsch vor. Ein proletarischer Herkules, der Modell gestanden haben könnte für all die Bronzen zu Ehren des sowjetischen Arbeiters. Alexander Michailowitsch ist Vorarbeiter im Metallurgie-Werk, da ist die Arbeit hart und giftig, deshalb gibt es vom Kombinat Milch und Sahne. Das soll die Werktätigen bei Kräften halten. Seit über vierzig Jahren ist Alexander Michailowitsch den Kirow-Werken verbunden. Seine Frau arbeitet hier, sein Sohn, nur nicht die Tochter, die sollte studieren. Alexander Michailowitsch gehört noch zur Generation der Helden der Arbeit, »Stoßarbeiter des zehnten Fünfjahresplanes« war er, dafür gab es einen Orden und einen Platz in der Porträtgalerie in der Eingangshalle zum Metallurgiewerk. »Alles hat sich verändert, vor allem das Verhältnis untereinander«, sagt Alexander Michailowitsch. Früher, da hätten sie irgendwie alle zusammengehalten, aber damit sei es jetzt vorbei. Weil jeder um seinen Arbeitsplatz fürchten müsse. Die neuen Spielregeln seien halt schwer zu verstehen. Die Aktionäre wollten doch nur Kapital für sich arbeiten lassen und hätten kein Interesse mehr am Arbeiter. Weiter kommt er nicht. Walentina Wassiljewna ergreift nun sehr energisch das Wort und redet von veränderten Arbeitszeiten im alten Parteichinesisch; das lässt sich ganz umstandslos auch auf den russischen Frühkapitalismus umdeklinieren. Ein kurzes, heftiges Wortgemenge entsteht zwischen ihr und Alexander Michailowitsch und bei mir festigt sich der Eindruck, dass das zwischen den Kirow-Werken und den *kirowze* heutzutage nicht mehr ganz so eng ist, nicht mehr so dicke, wie es die Geschäftsleitung gerne hätte. Als Alexander Michailowitsch zurück in die Werkshalle geht, da hätte er sich eigentlich eine Extraportion Milch und Sahne verdient. Zeit auch für mich zu gehen; zum Abschied schenkt mir Walentina Wassiljewna noch ein Buch mit dem selbstbewussten, in goldenen Lettern gedruckten Titel »Die Kirow-Werke. Zusammen mit Russland«. Ein dreihundert Seiten dicker Hochglanzkatalog, der zum zweihundertsten Firmenjubiläum im Jahr 2001 erschienen ist. Die, die den Staat im Zuge der hastigen Privatisierung so reichhaltig beerbt haben, legen da pathetisch Bekenntnis zum Vaterland ab. Generaldirektor der Kirow-Aktiengesellschaft, Pjotr Georgijewitsch Semenenko: »Ich halte meiner Heimat die Treue. Das ist mein Credo. Ich lebe diese Treue. Sonst gibt es kein Ziel in meinem Leben.« So klang das auch in der Vergangenheit, so hören sie es gern, die *kirowze,* und ihre Tatkraft soll schließlich angefeuert werden. Das geht mit der Heimat immer noch besser als mit den Aktienkursen. Im Übrigen ist so ein Bekenntnis eines Firmenchefs zu Russland heutzutage richtig was wert, wenn man bedenkt, dass nach Expertenmeinung schätzungsweise 19 Milliarden Dollar russisches Fluchtgeld auf Konten irgendwo auf der Strecke zwischen Zypern und der Karibik landen.

Wo Raskolnikow 2003 einsitzt

Ein Bericht über Besuche außerhalb der Besuchszeiten

Marija Konstantinowna will heute ihren Sohn besuchen. Nervös nestelt sie an ihrem Schal herum, sucht nach Halt an ihrer Handtasche. Schon lange hat sie sich diesen Besuch vorgenommen, doch dann war wieder die Angst zu groß, zu groß die schmerzliche Beklemmung. Ihr Junge hatte ihr ja schon einiges erzählt von der Welt da drinnen im Untersuchungsgefängnis IS-45/1 in St. Petersburg. Er sprach dann immer von der Hölle.

Kresty nennt der Volksmund das Gefängnis, »Kreuze«, weil die beiden Baukörper hinter den hohen Mauern in Form von Kreuzen angelegt sind. 1999 erhob das russische Justizministerium die Kresty zum Museum – seitdem werden hier Schulklassen und Besuchergruppen bei laufendem Gefängnisbetrieb durchgeschleust.

Die Blondine an der Kasse kaut ganz kräftig Kaugummi und stempelt eine Nummer auf die Eintrittskarte. Eine schöne Eintrittskarte haben die Kresty da, mit einer beeindruckenden Gesamtansicht des Bauensembles, über der das Gefängniswappen prangt. Das hat man sich offenbar bei der Eremitage abgeguckt.

Wir warten in einem kleinen Raum voller braunem Resopal. Zusammen mit zwei, drei Müttern in Blumenkleidern, einem wandelnden Föhnfrisürchen, einem Paar aus Odessa, einem Typen in einem zu gestreiften Anzug und ein paar Gestalten, die auch bei einem Casting einlaufen könnten, bei dem sie nach Halbwelt-Helden suchen. Ehemalige? Schaulustige?

»Mein Junge hat es nicht gut da drinnen«, sagt Marija Konstantinowna, und weil sie Mutter ist, sagt sie: »Er ist unschuldig.« Darüber wird auch noch ein Richter befinden müssen, doch den hat ihr Sohn auch nach drei Jahren Haft immer noch nicht gesehen. Russlands Justiz kommt der ausufernden Kriminalität schon lange nicht mehr bei – nach offiziellen Angaben werden in Russland dreißigtausend, inoffiziell bis zu fünfzigtausend Morde jährlich begangen. Unbequeme Zahlen, die offenbar auch im Justizministerium die alte russische Frage aufgeworfen haben: *»Schto delat?«*, Was tun? Die Lösung – ein wahrer Zaubertrank: man macht aus den Gefängnissen Museen, druckt schöne Billets, verlangt stolzen Eintritt – von Ausländern den doppelten – und zeigt den Landsleuten, wie es einem ergeht in russischer Untersuchungshaft. Präventivarbeit, die keinen Rubel kostet, im Gegenteil Rubel einspielt und Wirkung verspricht.

Die blonde Frau an der Kasse heißt Katja.

Sie ist per Du mit den wachhabenden Offizieren und führt unsere Gruppe hinter Gitter. Kurzes Nicken, Türen öffnen sich auf Knopfdruck und fallen augenblicklich wieder ins Schloss. Sammlung im Hof. Der Gefängnisflieder blüht, der Duft süßer Rosinenbrötchen liegt in der Luft und Katja, deren Lippenstift metallic-rosa in der Mittagssonne aufblitzt, spult die Kunsthistorie der Kresty ab: 1893 errichtet, Architekt Tomischko, Backsteinbau, der sich aus zwei fünfstöckigen, kreuzförmig angelegten Baukörpern zusammensetzt, im Zentrum der Anlage die Alexander Newskij geweihte Kirche. Auch so kann man Gefängnisse sehen. Doch das ist nur der Anfang einer unvergesslichen »Exkursion«.

Wir sollten uns in der Mitte des Korridors halten, durch den wir nun in den Flügel A 2 kämen, rechts und links lägen Zellen. Katja hat den Ton angezogen. Marija Konstantinowna ringt um Fassung. Irgendwo hier ist ihr Sohn. Gittertüren auf, Gittertüren zu. An jeder sitzt ein Offizier in flaschengrüner Uniform. Plötzlich steht unsere kleine Gruppe inmitten einer Putzaktion. Das war so nicht vorgesehen, Gefängnisalltag und Museumsbetrieb greifen gefährlich ineinander, die beiden Wachposten werden sichtlich nervös und pfeifen die Häftlinge in die Zellen zurück. Gleich darauf werden auch wir in eine Zelle am Ende des Ganges gestopft, in die Museumszelle. Alles sei hier genauso wie in den richtigen Zellen, beteuert Katja die Authentizität des Gezeigten. Das sind acht Quadratmeter, rechts und links handtuchbreite Dreistockbetten bis fast unter die Decke, rechts davor eine Toilette ohne Deckel, links davor ein Bord, an dem Blechnäpfe hängen. Es riecht nach Bohnerwachs. In den belegten Zellen riecht es sicher nicht nach Bohnerwachs.

Marija Konstantinowna weint schon bevor Katja uns weiter ihr Wissen über die Kresty vermittelt. Bis zu zehn Männer müssten sich eine Zelle teilen, müssten im Turnus schlafen, da es ja nur sechs Betten gäbe. Nur in dem Tuberkuloseflügel, da drüben, da hätte jeder dann sein eigenes Bett. Der Typ in dem zu gestreiften Anzug will wissen, ob es gegen Bezahlung auch Luxus-Zellen in den Kresty gäbe. Katja schnaubt vor Verachtung. Luxus für Kriminelle – das hätte ja noch gefehlt! Ginge es nach Katja, würde heute noch gefedert und geteert …

Ursprünglich geplant sind die Kresty für tausendfünfhundert Häftlinge, siebentausend werden derzeit in ihnen weggeschlossen. Ungeziefer, Krankheiten, Erniedrigungen, Prügeleien und Vergewaltigungen gehören zum Alltag – Enge verengt die Gemüter. Da kann aus einem Ort der Eingrenzung schnell ein Ort der Entgrenzung werden. Wie kommt man hier wieder raus? Katja, unsere Museumsführerin, setzt derweil alles daran, dass keiner von uns jemals auf die Idee kommen könnte, hier zu enden. Wer will, kann sich jetzt in der Zelle kurz einschließen lassen, aber dazu kommt in unserer Gruppe nicht die rechte Lust auf.

Marija Konstantinowna will raus, will zurück, aber das geht nicht, sie sei doch in einem Gefängnis, sagt Katja, da könne sie doch nicht einfach so umkehren. Zur »Exkursion« gehöre noch der Besuch des Museums. Das Museum ist eine kleine Baracke gleich neben dem von Stacheldraht eingezäunten östlichen Hof, in dem die Gefangenen zweimal am Tag Ausgang haben. Hunde bellen. *Glasnost* hat einen Kloß in den Hals getrieben. Es gibt nichts, was noch zu enthüllen wäre. Das ganze bedrückende Rätsel besteht in der Offenheit, mit der man sich hier Elend zunutze macht.

Auf braunen Resopaltischen werden all die Dinge ausgestellt, die sich aus Papier, Brotresten, Feuerzeugen, der Bibel oder Zahnbürsten so bauen lassen. Was soll man auch sonst tun? Die Zeit ist lang in den Kresty, Arbeit ist in U-Haft nicht vorgesehen. Ein kleines Modell zeigt, wie die Zellen in den Kresty ursprünglich eingerichtet waren: ein Doppelbett, ein Stuhl, ein Tisch, ein schmaler Spind. Der Hohn holt weit aus … Der Vater Wladimir Nabokows saß im Jahr 1907 in den Kresty ein, weil er gegen die verfassungswidrige Auflösung der Duma durch Nikolaj II. protestiert hatte.

Nabokow wird das Gefängnisintermezzo seines Vaters in seinen Memoiren später freundlich, ja gar amüsiert festhalten: »Mein Vater verbrachte drei ruhige, wenn auch etwas einsame Monate in Einzelhaft (...) Bis ans Ende ihrer Tage bewahrte meine Mutter die Briefe auf, die er ihr heimlich zukommen ließ, muntere Episteln, mit Bleistift auf Toilettenpapier geschrieben (...)«

Heute ist sicher niemandem in den Kresty nach munteren Episteln ...

Katja bedankt sich für unsere Aufmerksamkeit und drängt zum Aufbruch. Wir sollten dicht zusammenbleiben und ihr folgen. Das hätte sie nicht sagen müssen. Einer dieser Halbwelt-Typen geht jetzt knapp neben mir und fragt mich nach dem Preis für einen »sechs Jahre alten Bmwä« in Deutschland. Mir steht aber gerade nicht der Sinn nach Gebrauchtwagenpreisen.

Draußen vor der Mauer rasen die Autos an der Newa entlang. Die Sonne blendet, der Schritt ist unsicher. Marija Konstantinowna wechselt auf die andere Straßenseite. Sie kommt jeden Tag hierher. »Ich fühle mich ihm hier nah«, sagt sie. Und später sagt sie auch noch, dass doch nur ihre Liebe den Sohn retten könne, und ich denke, dass sie damit sicher Recht hat.

Etwa zwanzig andere Frauen sitzen schon auf der Kaimauer oder stehen am Straßenrand.

Alle paar Minuten fliegen Papiergeschosse durch die Luft, Raketen gleich, denen als Gewicht Knetmasse aus Brot und Speichel dient. Die Gefangenen rollen aus Zeitungen lange Rohre, mit denen sie die Post bis zu dreihundert Meter weit zum Fenster herauspusten können. Mütter, Ehefrauen, Freundinnen sammeln sie draußen auf, manchmal ist das mörderisch, der eine oder andere Autofahrer drückt extra aufs Gas. Die Antwort schreien die Frauen lautstark über die vierspurige Straße hinweg, bei zu dichtem Verkehr schreiben sie mit der Hand in die Luft. Auch die Gefangenen verständigen sich mit der luftschreibenden Hand; aus den hunderten vergitterten Fenstern der Kresty quellen kreisende, auf- und abfahrende Hände hervor – lebendiges Mittelalter.

Die Frauen vor den Kresty – das ist ein Bild, das Tradition hat in St. Petersburg. Anna Achmatowa hatte während der stalinistischen Terrorherrschaft 17 lange Monate vor den Kresty gestanden, um ihrem willkürlich verhafteten Sohn nahe zu sein.

»Als dreihundertste (…)
Wirst du vor Kresty stehen
Und mit deiner heißen Träne
Das Neujahrseis bezwingen.
Wie die Gefängnispappel sich wiegt
Und kein Laut – aber wie viele
Unschuldige Leben enden dort …«,

klagt die Achmatowa in ihrem Gedichtzyklus »Requiem«. In ihm ist ihr ganzer Schmerz vor den Kresty aufgehoben. Unsere Exkursionsleiterin hatte davon gar nicht gesprochen. Auch nicht darüber, dass die Kresty für Hunderttausende in den Terrorjahren 1937 und 1938 Durchgangsstation in die Lager Sibiriens oder Endstation waren. Unrecht – damals wie heute – ist in den Kresty kein Thema. Auch wenn es zu den Fenstern hinausschreit …

Hämmern, dass das Zeug hält

Lebensversicherung Datscha

Wassilij Maximowitsch bewirtet mich mit heißem Tee. Die rosa, himmelblauen, roten und pastellgelben Blumen auf der großen chinesischen Thermoskanne könnten in seinem Garten gepflückt worden sein. »Diese ganzen Blumen hier sind ein Zugeständnis an meine Frau«, sagt Wassilij Maximowitsch in einem Ton, an dem es nichts zu deuteln gibt. Keine Romantik. An floraler Pracht ist ihm nicht gelegen. Verschenkter Boden, das wird er sich denken. So wie der Nachbar, der wahrscheinlich auch nur seiner Frau einen Gefallen tut: ein paar Blumen am Staketenzaun und rund ums Haus. Der Rest ist Landwirtschaft – im Kleinen.

Auf handtuchgroßen Feldern wachsen Gurken, Tomaten, Möhren, Kartoffeln, Rote Beete und Kohl. Das hat sich einfach bewährt. Weil die über siebzig Jahre Arbeiterparadies als Dauerkrise ins Land gezogen sind. Und weil heute ein Kilo holländische Tomaten 15 Rubel kostet, zu viel für Wassilij Maximowitschs Rente von 1800 Rubel. Für Blumen bleibt da wenig Platz, an Rasen ist gar nicht erst zu denken.

»Der Teufel soll mich holen, wenn dieses Brett jetzt nicht hält.« Wassilij Maximowitsch ist schon wieder bei der Arbeit, die nordischen Sommer sind kurz. Er hat sich viel Mühe gegeben, all das Zeug, die unregelmäßigen Bretter, die Schnittreste dicker Balken, die alten Türen und Platten zu der Ordnung eines Hauses zu fügen. Den letzten Winter, immerhin minus 36 Grad, habe seine Datscha ja noch überlebt, in diesem Sommer müsse er seine *krasotka*, seine Schöne, aber wieder ein wenig herrichten. Die Schöne sieht ehrlich gesagt aus, als seien die Biber dran gewesen, aber Wassilij Maximowitsch hat sie eben selbst gebaut – mit aller Liebe. Jedes Brett einzeln aus der Stadt mit der *elektrischka* hergebracht. Deshalb ist sie schön.

Am Himmel hängt dichtes Grau. Und drunter spannen sich Leitungsbündel wie Girlanden über Nowo Lisino. Nowo Lisino, was ins Deutsche übertragen »Neues Fuchsörtchen« heißt, liegt etwa fünf Kilometer östlich von Lisino, dem »Fuchsörtchen«. Früher haben sich hier bestimmt die Füchse gute Nacht gesagt, seitdem aber vor fünfzehn Jahren der Wald gerodet und in Parzellen unterteilt wurde, vergeht hier kein Tag, an dem nicht gehämmert, gehackt, gepflanzt, geerntet oder sonst etwas gearbeitet wird. Wassilij Maximowitsch bewirtschaftet in Nowo Lisino Parzelle 278. Die hat ihm sein früherer Arbeitgeber, die Feuerwehr, zugeteilt. Seine Nachbarn rechts und links waren auch bei der Feuerwehr; Nowo Lisino ist die Gartenkolonie der Petersburger Feuerwehrleute, allein am südlichen Rand wurden einige Grundstücke an Angestellte eines großen Transportunternehmens verteilt. In Lisino hingegen gärtnern Ärzte und Krankenschwestern. Und im ganzen Land gärtnert offiziellen Angaben zufolge jeder dritte Russe. »Kratze am Russen, und es kommt der Bauer zum Vorschein« besagt ein geflügeltes Wort. Dabei braucht man gar nicht kratzen.

Am Samstag fährt ganz Petersburg raus aus der Stadt. Wir müssen eng zusammenrücken in der *elektrischka*. Der elektrische Vorortzug erinnert irgendwie an eine Arche Noah auf Rädern; die schwer mit Rucksäcken, Taschen, Tüten und Körben bepackten *datschniki* fahren mit Katze, Hund, Hamster und Federvieh ins Wochenende. Nur dass die Reise nicht so friedlich dahingeht wie in der Arche. Das liegt vor allem an zwei Männern von recht hartgesottenem Schlag, die ganz offenbar schon vor Abfahrt des Zuges betrunken waren und jetzt noch eine Flasche Bier hinterherkippen. Nach einer Weile gibt der massige Körper des einen dem sturen Rütteln des Zuges nach und schwenkt zu der nebenan sitzenden Frau rüber. »Hast du kein Gewissen«, schnauzt die und stößt den haltlos Delirierenden von sich, doch zehn Sekunden später hängt er ihr wieder auf dem hohen Busen. Die Frau könnte einfach aufstehen, doch sie bleibt knallhart sitzen und verteidigt ihren Fensterplatz mit einer Schimpftirade, in der sich der Hass der ganzen letzten Woche Bahn bricht. Von Gewissen ist nun keine Rede mehr. Das heftige Donnerwetter bringt uns sogar um die Vorstellungen, die die fliegenden Händler für gewöhnlich im Zug abgeben. Von Abteil zu Abteil preisen sie die Vorzüge ihrer Waren, bei uns gehen sie jedoch stumm durch, Zeitungen, Brillenputztücher und Plüschtiere gleich Fahnen vor sich her tragend. Die wissen, dass die Leute jetzt ungestört zuhören wollen. Allein eine Frau mit Cremes lässt sich ihr Geschäft nicht nehmen und verspricht »weiche Händchen und weiche Füßchen«. Man könnte voreilig meinen, die Creme müsse ein Verkaufsschlager in einer *elektrischka* voller Kleingärtner sein, aber niemand zeigt Interesse. Ein zu hoch gegriffenes Versprechen, vielleicht auch ein zu abseitiges Problem. Der Kumpel des stark Angetrunkenen indes benimmt sich wie ein wahrer Freund und legt den Kopf des Mannes auf seine Schulter. Ohne ein Wort zu verlieren. Dann herrscht Ruhe. Draußen ziehen Industriebrachen vorbei, verwaiste Felder, dann die ersten Datschensiedlungen, wackelige, aus groben Holzbalken gezimmerte Häuser im Grünen, zwischen die sich immer öfter aufgedonnerte Backsteinbauten mischen. Die Datschen der neuen Russen, eine Mischung aus Tudor-Burgen, südamerikanischen Fazendas und altem Athen. In den Augen der *datschniki* sind diese Villen Inbegriff des losen Lebenswandels, jedes herausgeputzte Ziegelhaus steht für Sauna, Striptease und Champagner. Nachbarn trennen manchmal eben auch Welten und weil die neuen Russen gestern selbst noch *datschniki* waren, sind sie wohl umso größer, die trennenden Welten. Er sei froh, dass in Nowo Lisino nur Leute seien, die arbeiteten, sagt Wassilij Maximowitsch, in der Sprachmelodie markiert von einer Verachtung, die er eigens angehäuft zu haben scheint für all die, die nicht arbeiten müssen, jedenfalls nicht draußen auf dem Land. Wassilij Maximowitsch ist hingegen seit seiner Pensionierung vollbeschäftigt auf der Datscha. Mehr als sechzig Prozent der Grundnahrungsmittel erwirtschaftet er für sich und seine Frau sowie für die Familie der Tochter hier draußen auf seiner zwischen Bahnlinie und Wald eingekeilten Parzelle. »Hier gibt es immer was zu tun«, sagt Wassilij Maximowitsch und zeigt auf den Haufen morscher, ausgefranster Bretter, die er seit dem späten Vormittag gleich faulen Zähnen seiner *krasotka* rausgezogen hat. »Gute Arbeit« sei die Arbeit auf der Datscha, da wüsste man wenigstens wofür. Die Datscha würde einen am Leben erhalten. »Nur auf die russische Erde ist Verlass. Vom Staat sind wir niemals satt geworden.« In der Tat hätte die russische Geschichte wohl einen anderen Verlauf genommen, wären die Menschen hier nicht so patente Landwirte, die auch dem widrigsten Boden noch Erdbeeren und Kartoffeln abgewinnen. *Podsobnoje chosjajstwo,* Zusatzwirtschaft, nennt sich im Bürokratenjargon das, was in Wirklichkeit die einzige russische Lebensversicherung ist.

Wassilij Maximowitsch stellt ein paar angerostete Eiseneimer und eine Gießkanne auf dem Feld zwischen Möhren und Roter Beete ab. Der Himmel sieht nach Regen aus, da will er etwas Wasser sammeln. Vorsorge für trockene Tage. Danach macht er sich wieder daran, seine Schöne aufzuhübschen. Jetzt, wo es immer mal wieder kräftig im Rücken zieht und die Puste auch nicht mehr so mitmacht wie früher, dauert alles länger. Morgen, am Sonntag will er aber wenigstens die Bretter unterm Küchenfenster ausgewechselt haben, denn dann kommt seine Tochter raus, mit dem Enkel. Auf den warten schon zwei zarte Setzlinge in abgeschnittenen Milchtüten. Wassilij Maximowitsch will sie zusammen mit ihm pflanzen. »Wenn er später irgendwann einmal die Äpfel pflückt, wird er sich an mich erinnern«, sagt der 72-Jährige und hebt mit zaghaftem Lächeln die Schultern. Dass er noch recht lange beim Wachsen zugucken möchte, das sagt er nicht, aber das versteht man auch so.

»Mitki wollen niemanden besiegen«

Die absurde Kunstmanier der Petersburger »Mitki«, die 1993 aufhörten zu trinken

»Wir haben uns immer als Gegengewicht zum schlechten Geschmack verstanden,« sagt Dmitrij Schagin und wer die Sowjetunion auch nur ein wenig von innen kannte, kann erahnen, wie viel Dmitrij Schagin und seine Leute zu tun hatten. Dmitrij nahm diese Herausforderung sehr ernst und hat – überschlägt man mal seinen Körperumfang – auch selbst als Person ein beeindruckendes Gegengewicht aufzubieten. So auf den ersten Blick, wenn man ihn in seinem blau-weiß gestreiften Shirt sieht, würde man allerdings nicht vermuten, dass der Mann zu denen gehört, die es mit dem schlechten Geschmack aufnehmen. Eher zu denen, die ihn am eigenen Beispiel illustrieren. Aber könnte man den schlechten Geschmack anders besser der Lächerlichkeit preisgeben? Die »Mitki« tragen Ringelshirts aus Prinzip: Sie sehen darin allesamt etwas naiv-belämmert aus, wie große arglose Kinder. Und als solche attackieren sie hinterlistig den unter ihren Landsleuten weit verbreiteten Infantilismus. Ironie – eine Weise des Überlebens, auch heute. Zu sowjetischen Zeiten war sie vielleicht der einzige Weg, der zwischen der sich an Selbstglorifizierung berauschenden Zentrale und dem realen Sozialismus hindurchführte.

Dmitrij Schagin macht umständlich eine Dose dänisches Buttergebäck auf, Messekekse, deren aufgeräumter Geschmack so gar nicht zur Umgebung passen will. Ich habe Dmitrij im Dachgeschoss der uliza Prawdy Nr. 16 getroffen, die liegt gleich um die Ecke der berühmten Petersburger *pjat uglow*, der Kreuzung mit den fünf Ecken, die Dostojewskijs Herz immer schneller schlagen ließ. Hier haben die Künstler, die zum harten Kern der Mitki gehören, ihre Ateliers. Die aufgelöste *kommunalka* ließ auch noch Platz für eine Zwei-Zimmer-Galerie, in der die Mitki atelierfrische Bilder ausstellen – aus eigener Produktion und von Künstlerkollegen »aus dem Osten«. Von der letzten Vernissage, bei der ein Kunststudent aus dem sibirischen Omsk seine Zeichnungen zeigte, stehen noch Batterien von Bierflaschen vor der Tür. Die Wand ist mit Graffiti überzogen, darunter die Aufforderung: »People! Eure Freiheit wird abgetragen, wartet auf weitere Information.« Da war jemand ordentlich mitki-infiziert.

Haus Nr. 16 in der uliza Prawdy, der Straße der Wahrheit, war schon immer »Heimat der Mitki«, weil Gründungsmitglied Alexander Florenskij in Wohnung Nr. 12 lebte. Damals, in den achtziger Jahren, als die Künstler offiziell mehrheitlich noch im Heizkeller arbeiteten, weil ihre Kunst nicht in das Machtbild der Mächtigen passte. Bekanntlich vergab die Sowjetunion keine Nischenerlaubnis und wer nicht am offiziellen Kulturdesign teilnahm, der musste sich einen Job verschaffen, um nicht als »Parasit« im kalten Osten oder Norden zu landen. Die Arbeit in den Heizkellern Leningrads war dabei unter Künstlern besonders beliebt, denn sie fand nachts statt und in der Wärme der Kohleöfen trocknete die Ölfarbe schneller.

1997 überließ die Stadt den Mitki das Obergeschoss in der uliza Prawdy; darin darf man ein Zeichen ihrer offiziellen Anerkennung sehen. Natürlich kam sie spät, da waren die etwa fünfzehn Mitki mit ihren Werken schon um die halbe, im *Perestroika*-Fieber delirierende Welt gejettet. Zu Hause indes juckten ihre bitterbösen Sarkasmen niemanden mehr und aus den doppelbödigen Bildgeschichten ließ sich kein Sprengsatz mehr lesen. Nicht dass die Mitki immer nur politische Bomben gebastelt hätten, nein, ganz im Gegenteil, sie hatten sich vielmehr gemütlich eingerichtet, ganz im Innern des Systems, bei den Neuen Menschen, ihren Träumen, ihren Passionen, ihrem Glück. Von dort aus ließ sich ihre Zeit besser bloßstellen. Und das war einmal scharfe Munition.

»Die Achtziger waren eine gute Zeit für die Kunst. Alles, was danach kommt, ist im Vergleich Krise«, meint Dmitrij Schagin und schaut noch trauriger drein als sonst. Brauchte man die Sowjetunion als Ideenquell? Ist es langweilig geworden, seitdem man nicht mehr zu den Partisanen der Kunst gehört, seitdem man etabliert, Institution mit eigener Adresse geworden ist? Dmitrij fehlt vor allem das sowjetische Lebensgefühl der achtziger Jahre, bei aller Unfreiheit mehr Freiheit als heute zu haben, nichts zu tun, rumzugammeln. Das war damals Protest gegen die Ordnung. Man opponierte dem glorreichen Arbeiterkampf, indem man rumhing, Wodka und georgischen Wein soff, ganze Nächte über Kunst und Lyrik diskutierte. Eine »sorglose Zeit« sei das gewesen, »wir hatten unsere Witze und unseren Slang«. Man lebte die Kunst, da brauchte man nicht unbedingt Ausstellungen. Und die Mitki redeten sowieso am liebsten. Ihr slapstickartiger Slang sog den Diskurs Iwan Normalbürgers auf und steigerte den Gebrauch der im Russischen so beliebten Verkleinerungsform bis zur Absurdität. Man traf sich im *Parkuschke Pobeduschki*, im Parkchen des Siegchens, schaute Filme von *Viscontjuschka* und betrieb einen Kult ums »Brüderchen«. Eine richtige Berühmtheit wurde *Ikaruschka*, der liebe kleine Ikarus, der Schagin nicht nur zum Malen, sondern auch zum Dichten brachte. Im Bild fällt *Ikaruschka* in einen Petersburger Kanal und niemand aus der um Bier anstehenden Schlange kümmert sich um ihn, um den lieben kleinen

Ikaruschka. Die legendäre russische Trinkbrüderschaft ist eben nur Brüderschaft beim Trinken.

Schmuse-Endungen haben die Mitki bereits mit ihrem Namen im Programm, Mitki ist die Verkleinerungsform von Dmitrij, im Plural. Die »kleinen Dmitrijs« behandeln denn auch gerne die Absonderlichkeiten der sowjetrussischen Kultur mit einer liebevollen, putzigen Geste.

Das Schicksal einer solchen Kunst am Puls der Zeit ist es naturgemäß, mit ihrem zentralen Objekt zu verschwinden. Aber vergangen heißt ja nicht immer gleich auch abgetan.

»Wir haben dem Leben gegenüber eine humorvolle Haltung«, sagt Dmitrij Schagin. Auch heute gebe es noch genug Wahnwitz, aber die Bedingungen für Kunst hätten sich gründlich geändert. In der Tat ist es mit der Kunstsonderzone hinter dem Eisernen Vorhang vorbei. An die Stelle des ideologischen Zwangs ist im postsozialistischen Russland der Druck des internationalen Kunstmarktes getreten. Das Geflirr aus Wörtern und Bildern der Mitki, die skurrilen Bild-Text-Kombinationen haben es da schwer. »Wir machen sehr russische Kunst«, sagt Dmitrij Schagin und rollt mit den Augen. Das glaubt man ihm sofort, weil er doch selbst der Urtyp eines gutmütigen und sentimentalen Russen ist. Keiner der Mitki sei emigriert. Da hört man einen gewissen Stolz heraus. Denn abgesetzt haben sich nicht unbedingt die Besten, sondern vor allem die, die sich die gerade angesagten Themen und Techniken anverwandelt haben. So wie das Land, das sich ja auch auf Westkurs bringen musste.

Schagin und seine Leute, die »Nicht-Habgierigen«, sind sich und ihrer Stadt indes treu geblieben. So sehen sie das. »Die Mitki sind eine typische Petersburger Erscheinung«, sagt Dmitrij und spricht von der Albernheit, die nur der rationale Geist St. Petersburgs hervorbringen kann, und von den künstlerischen Banden zur Petersburger Avantgarde, insbesondere ihrer spätesten Gruppierung Oberiu, der russischen Variante des Dadaismus um Daniil Charms und Alexander Wwedenskij.

Die Achtziger, die Dreißiger – ich will wissen, was heute ist. »Seit 1993 trinken die Mitki nicht mehr.« Dmitrijs Arme, eben noch verschränkt, stützen sich jetzt auf den Beinen ab. Alle Mitki hätten »das höchste Stadium des Alkoholismus« erreicht, nämlich die »Enthaltsamkeit«, und einen anonymen Alkoholikertreff in der uliza Prawdy gegründet. Ich bekomme eine Broschüre in die Hand gedrückt, auf deren Titelseite einige der Mitki abgebildet sind, fünf Männer umarmt, eingehakt, fünf Männer, die es geschafft haben. Bei den wilden Kerlen – das war einmal. »Selbstlose Helden« nennen sie sich – die Schmerzensmänner. Dmitrij Schagin, Pate aller Mitki, erzählt von dem »neuen Projekt«, als sei's Kunst, als ginge es um die Organisation einer Ausstellung und nicht um Sozialarbeit. Einhundert Leute kämen täglich zu ihnen, natürlich schafften es nicht alle, aber viele könnten sich aus der Umklammerung des Alkohols lösen. Irgendwie haben die Mitki es ja wieder einmal direkt bis an den Puls der Massenkultur geschafft. Laut offizieller Statistik sind 2,6 Millionen Russen Alkoholiker, in Wirklichkeit sind es wahrscheinlich etwa doppelt so viele. Wer auf staatliche Hilfe hofft, muss besoffen sein, sagt Dmitrij nüchtern. Einer der besten Künstler der Mitki, Wassilij Golubjew, hat 1991 das Bild eines Mannes gemalt, der stumpfsinnig vor seinem Bier sitzt, als plötzlich ein Putto auf der Schulter landet und sich an seinem Ohr festhält. Der »Persönliche Engel« heißt das Bild. Wer weiß, auf wie vielen Schultern die kleinen Dmitrijs schon sitzen?

Und eins und zwei und drei – »Höhensprünge der Seele«

Mit Jelisaweta in der Schule

Jelisaweta sitzt aufrecht wie eine Kerze auf ihrem Stuhl. Alles an ihr ist Konzentration, alles ist Sammlung im Inneren, von wo aus sie sich gleich über die Schwerkraft der Erde hinwegsetzen wird. Jelisaweta ist die Nächste. Abschlussprüfung siebte Klasse Tanz. Aljona aus der vierten Klasse sprenkelt noch einmal aus einem Plastikbecher Wasser über das Parkett, damit der Tanzboden stumpf bleibt. Dann bezieht Jelisaweta Position im Raum, hält sanften Bodenkontakt, während ihr Oberkörper übergangslos, in einer Linie aus den langen Beinen aufstrebt. Schönheit in Vollendung. Der Pianist am Flügel nickt kurz und beginnt zu spielen. Jelisaweta scheint die Musik einzuatmen und tanzt, flattert auf den Fußspitzen, springt und dreht Pirouetten durch den von Neonröhren in fahles Licht getauchten Raum. Die sechsköpfige Prüfungskommission zeigt sich zufrieden: bestanden. Das größte Glück, denn in der Akademie des russischen Balletts Agrippina Waganowa – so der offizielle Name für Russlands Schule der Tanzelite – kommen nur die Besten der Besten weiter. »Wir müssen das Niveau halten«, sagt Julia Telepina, die vor fünfzehn Jahren selbst an der Waganowa-Ballettschule das Tanzen lernte und als Schulsprecherin zurückkehrte. »Etwa 1500 Kinder bewerben sich jedes Jahr, fünfzig nehmen wir auf. Die Auswahl ist streng, auch später noch.«

Die Waganowa-Akademie ist Russlands weltberühmte hohe Schule des Balletts. Eine höhere gibt es nicht. Es gibt moderne Schulen, das ja. Aber keine, die mehr Stars auf die Bühne brachte. Und keine, die schöner ist; jedenfalls von außen.

Die Petersburger Tanzschule steht am Anfang der Tradition des klassischen Balletts. Oder sollte man bei der Rede vom Anfang nicht besser gleich von der Stadt sprechen, von St. Petersburg und seinen Botenstoffen für den Tanz wie die stilistische Geschlossenheit der Architektur, ihr theatralisches Gehabe, ihre Haltung, ihre Strenge, ihr Takt. Ganz St. Petersburg ist ein fulminantes Sinnbild des klassischen Balletts. Und erst die Rossistraße, in der die Akademie beheimatet ist. Eine einzige Verführung mit Takt. Man geht an den weißen Säulen von zwei lang gestreckten, gelben klassizistischen Tempeln entlang, und eins und zwei und drei; man geht anders, es geht nicht allein um das Überwinden von Strecke. Der Architekt Carlo Rossi hat die Straße 1828 angelegt; muss man erwähnen, dass er der Sohn einer italienischen Ballerina war? Rossi schuf eine Spielerei mit göttlicher Geometrie: Er stellte zwei 220 Meter lange, 22 Meter breite und 22 Meter hohe Gebäude mit Schwärmen von Säulen gegenüber und ließ den Korridor optisch auf die von weißen Pilastern gegliederte Fassade des Alexandra-Theaters zulaufen. Architektur, leidenschaftlich dem Tanz zu Diensten. Schon allein deshalb sind die Petersburger immer besser als die Moskauer, davon ist man jedenfalls in der zweiten Hauptstadt überzeugt. Lyrisch-klassizistisch der Tanz hier, heroisch-pathetisch der Tanz dort.

Jelisaweta ist dreizehn Jahre alt und trägt das glatte, kastanienbraune lange Haar zum Knoten gebunden, so wie es alle Ballerinen tragen. Auch ihr Körper entspricht den Gardeformen einer Petersburger Tänzerin und die müssen schon in den Genen liegen: Die Beine etwas länger als der gerade, aber biegsame Oberkörper, die Arme lang und zartgliedrig, die Hände grazil, der Hals, lang und voller Würde, wie er den Kopf trägt. Ein leibhaftiges Wunder.

»Es war immer mein Traum, Ballerina zu werden«, sagt Jelisaweta mit strahlenden meergrünen Augen.

Jelisaweta war sechs Jahre alt, als ihr ihre Mutter einschärfte: Wenn du tanzen willst, musst du so gut tanzen, dass du zur Waganowa kannst. Sonst hat es keinen Zweck. Als Jelisaweta acht war, bestand sie die Aufnahmeprüfung. »Ich wollte da sein, wo alle großen Ballerinen waren.« Das muss sich gut anfühlen, aber tut nicht manchmal alles weh, wenn der Körper immer sein Letztes geben muss, immer zur Höchstform auflaufen muss und das fünf, sechs Stunden jeden Tag? Jelisaweta lacht verlegen, eine Ballerina kennt keinen Schmerz. Und was sind schon manchmal blutende Füße oder schmerzende Knie gemessen an einem Auftritt im Mariinskij-Ex-Kirow-Theater, dem Tempel des klassischen Tanzes? Jelisaweta stand bereits zweimal auf der Bühne, auf der alle Großen des Balletts getanzt haben. »Man kann die Energie der anderen spüren.« Die anderen, das sind der legendäre Nijinskij, der 1911 in St. Petersburg für einen Skandal sorgte, weil er erstmals in einem hautengen Trikot tanzte, das sind Rudolf Nurejew und Michail Baryschnikow, die Pawlowa, die Primaballerina der »Ballets Russes« Sergej Djaghilews in Paris, die Makarowa oder Galina Uljanowa, die Vorzeigetänzerin Stalins. Und das sind heute tanzende Stars wie Faruk Rusimatow, Uljana Lapatkina und Djana Wischnjowa. Sie alle sind in der Rossistraße zur Schule gegangen. »Streng und konservativ« sei die Erziehung an der Akademie, sagt Julia Telepina. Daran hat sich seit den Tagen Agrippina Waganowas nichts geändert. Für die Tanzpädagogin gab es im Leben nichts anderes als Ballett. Das schleifende Geräusch der über das Parkett tanzenden Eleven, das dumpfe Tock des Aufsetzens nach dem Sprung – Musik in den Ohren der Waganowa. Ihrem strengen Blick entging nicht die kleinste Nachlässigkeit, sie triezte die Tänzer, bis jede Bewegung stimmte. Mit technischer Perfektion und stilistischer Noblesse kam denn auch das Leningrader Ballett groß raus. Dahinter steckt rigide Systematik: die Waganowa führte als Erste eine einheitliche Lehrmethode in den klassischen Tanz ein, der »fest und frei« zugleich sein sollte, vielleicht das Erfolgsrezept. Einige der Lehrer haben noch bei ihr gelernt, manch einer war Klassenkamerad von Baryschnikow oder Nurejew. In dem waldmeistergrünen Eingang der Schule steht neben zwei Palmenkübeln eine Büste der Schulmeisterin: Agrippina Waganowa, 1879 bis 1951. Ihr gelang das Kunststück, eine zutiefst höfische Kunst so zu perfektionieren, dass sie zum Aushängeschild des ersten Arbeiter- und Bauernstaates wurde. Die Sowjetunion repräsentierte sich nach außen nicht mit dem »Proletkult«, sondern mit dem »Schwanensee«, mit einem Schwanensee, der alle Monarchen der Welt blass werden ließ vor Neid.

Wenn die Tür zur Schule krachend hinter einem zufällt, dann ist man heute noch mitten drin in dieser Schwanensee-Nussknacker-Epoche. In unvergänglicher Vergangenheit. Hier gibt es nichts außer Spitzentanz, auf flachen

Sohlen in Richtung moderner Tanz geht man erst ganz leise, einen Schritt vor, und dann schnell wieder zwei zurück. Auch der Betrieb läuft noch wie anno dazumal. Im Entreé sitzt eine *babuschka* an einem Sperrholzschreibtisch und wacht darüber, wer ein und aus geht. Drei Mädchen- und zwei Jungenklassen haben sie an der Waganowa-Schule, dreihundert Tanzeleven aus dem ganzen Land sowie aus einigen Ex-Sowjetrepubliken. Dreihundert Kinder ohne Kindheit.

Der Unterricht beginnt morgens um neun mit Dehnübungen an der Stange und endet nach zehneinhalb Stunden abends mit Chopin am Klavier. Neben Tanz und Musik stehen wie in einer normalen russischen Mittelschule Mathematik, Französisch, Geschichte, Literatur, Chemie und Erdkunde auf dem Stundenplan. Das Hauptfach aber heißt Karriere. Und die kann man sich an der Waganowa-Schule nicht wie andernorts erschleichen oder erkaufen, die muss man sich hart ertanzen. Für Jelisaweta gibt es nur ein Ziel im Leben: Ballerina. Ein alles beherrschendes Ziel, für anderes ist da kein Platz. Ein zähes Ziel muss es auch sein, ganz früh schon, sonst hält man dem Drill wohl nicht stand. 95 Prozent der Schüler in der Waganowa-Akademie tanzen später im Kirow-Ensemble des Mariinskij-Theaters. Jelisaweta hat gute Chancen, Primaballerina zu werden. Manchmal träume sie davon, umjubelt auf der

Bühne des Mariinskij-Theaters zu stehen, sagt sie, in Tokio oder Paris möchte sie auch gerne einmal tanzen. Und natürlich in Deutschland, hängt sie noch schnell an, die Wohlerzogene. Ihr großes Vorbild? Anna Pawlowa, »sie war die beste Tänzerin«. 38-mal konnte sich die kapriziöse Pawlowa in Folge um die eigene Achse drehen. Das machte ihr keine nach. Sie war Ballerina der Zarenzeit; ins revolutionäre Russland kehrte die Pawlowa nie mehr zurück. Die Kollegen später, die besten Schüler der Waganowa, machten es ihr nach. Kehrten von Gastspielen im Westen nicht mehr zurück, wollten für die Welt tanzen, nicht für die Partei. Zu Hause an der Newa bewahrte man Erinnerungsstücke an sie.

Das schuleigene Museum könnte auch so etwas wie das Wohnzimmer der Akademie sein. Usbekische Teppiche schlucken die Schritte der Besucher, zu denen vor allem die Schüler selbst gehören. Vor den großen Fenstern hängen schwere, zu sanft geschwungenen Wellen geraffte Vorhänge; *markis* nennen die Russen diese Gardinen, die eine Erfindung des französischen Hofes sind. Neben der Pompadour hatte das revolutionäre Russland offenbar ein elementares Bedürfnis nach diesen vornehmen Stoffdrapperien, mit denen allerorts die Fenster des alten St. Petersburg verhängt wurden. Von der Decke greift ein riesiger Kronleuchter in den Raum, den die knappen finanziellen Zuwendungen – oder ist es Nachlässigkeit? – zur Funzel mit nur noch drei brennenden Glühbirnen heruntergedimmt haben. Aber hier im Museum darf man sich ruhig auf den Eigenglanz der Dinge verlassen. Auf die noch jedem Halbdunkel trotzende Wirkung eines Kostüms von Nijinskij, der Entwürfe von Leon Bakst und Nikolaj Roerich, der Aufzeichnungen und Skizzen des Choreografen Marius Petipa, für den Tschaikowskij im 19. Jahrhundert die Publikumslieblinge »Dornröschen«, »Nussknacker« und »Schwanensee« schrieb. Jelisaweta steht ehrfürchtig vor der Vitrine mit den ausgeblichenen Spitzenschuhen der Pawlowa, Reliquie für alle Petersburger Ballerinen. Wann immer sie ins Museum der Waganowa-Akademie kommen, streichen sie über den Bronzefuß Anna Pawlowas; der soll Tanzglück bringen. Man könnte ja meinen, dass Jelisaweta das heute gehabt hätte, aber in Wirklichkeit war die bestandene Prüfung harte Arbeit, tänzerische Akribie eben.

»Am Meere lassen wir uns nieder«

Ein Besuch im »Haus des Schaffens der Schriftsteller« in Komarowo

Alle waren sie da; die, die gesellschaftlich Nützliches geschrieben haben sowieso. Aber auch die, die ihren Widerspruchsgeist in vorsichtige Worte fassten, kamen nach Komarowo. Zur Erholung. »Die Schriftsteller gingen hier den ganzen Tag spazieren. Die Luft enthält ein Fluidum, das besonders gut für den Geist ist«, weiß Fjodor Pawlowitsch. Da haben wir also den Grund für die Güte der russischen Literatur! »Die Luft berauschend wie Wein« hatte die Achmatowa geschrieben, die Grande Dame von Komarowo, damals als Komarowo noch ein Schriftstellermalerregisseurenest war und als ganz was Feines galt.

Für wohlklingende Wortfügungen sorgen in Komarowo vor allem Nadelbäume, hohe Fichten, Lärchen, Kiefern und Erlen, zwischen die sich flirrendes Birkengrün mischt. Vom Meer weht indes schon lange keine frische Brise mehr herüber. Seit dem Bau der *damba* Ende der siebziger Jahre, des Staudamms, der das Mündungsdelta der Newa abriegelt, hat sich der Finnische Meerbusen in eine Russische Kloake verwandelt. Komarowo ist davon auch betroffen, obgleich die in den Wald gewürfelten Datschen hinter dem etwa 25 Kilometer langen Damm liegen. Vor dessen Mauern lagern sich die Sinkstoffe ab, die die Newa mit sich führt. Und wer von Sinkstoffen redet, der spricht auch schnell von Stinkstoffen. »Alles kein Zufall«, sagt ein Alter am Strand, »die wollten die *Intelligenzija* hier nicht mehr. Da haben sie den Damm gebaut.« Aber wer wolle schon die ganze Wahrheit wissen, wenn sie hässlich sei. Damit geht er weiter.

Wir suchen das »Haus des Schaffens der Schriftsteller«. Und kommen am »Haus des Schaffens der Regisseure« vorbei, am »Haus des Schaffens der Komponisten«, am »Haus des Schaffens der Architekten« und am »Haus des Schaffens der Schauspieler«. Vor langer Zeit gelb, rot, grün, blau gestrichene Holzhäuser hinter Staketenzäunen in Waldschneisen. Irgendwo muss auch noch das »Haus des Schaffens der Wissenschaftler« liegen. Stalin wollte sie alle beisammen haben – die Umarmung der Erholung suchenden *Intelligenzija* mit Datschen erleichterte ihre Kontrolle.

Es ist einer der ersten warmen Sommertage. Die Bäume bündeln das Licht zu leuchtenden Gestalten auf den weichen Waldwegen. In einem Garten vergnügt sich ein Mädchen auf einer Rutsche, die gewiss schon fünfzig Jahre hinter sich hat. Sonst ist an diesem frühen Sonntagnachmittag niemand zu sehen. Mittagsschlafzeit. Die wichtigste Zeit im Datscha-Leben, das der russischen Literatur viel Erzählstoff rund um Ennui und schwärmerische Passivität geboten hat. Vor allem Tschechow, da liest man ständig von stattlichen Holzhäusern mit verglasten Veranden, von Korbmöbeln, weißem Leinen und Tischsilber, wechselnden Ideen und Liaisons. »Man wird nur zu seinem Vergnügen leben, man wird nur dort leben, um frische Luft zu atmen.« So hatte Tschechow, der schreibende Arzt, das Rezept fürs Datscha-Leben ausgestellt. Traumverloren, gleich den Gestalten Tschechows, schlendern wir weiter durch den russischen Datschen-Sommer und atmen dabei tief durch, um möglichst viel Fluidum abzubekommen. Am Ziel unserer Reise wachen wir indes jäh aus allen Träumen auf.

Das »Haus des Schaffens der Schriftsteller« sieht aus, als habe sich eine Fee über schlechte Prosa geärgert und ihm den Verfall angehext. Überall bröckelt der Beton. Ästhetisch war das Haus auch in besseren Zeiten ein hoffnungsloser Fall; ein realsozialistischer Klotz, der alles Grün in seiner Umgebung irgendwie grau unterlegt.

Die Eingangshalle riecht nach Baldrian. Im laufenden Fernseher hält er sie gerade am Arm fest, sie heult und wehrt sich, vergebens. Die Darsteller sprechen Englisch, mit amerikanischem Akzent. Ab und zu hört man Russisch, immer mal wieder einen dazwischengeworfenen Brocken, »Du lügst«, »Ich habe dich gestern gesehen«, nur so viel Russisch, wie es Russen fürs grobe Verständnis der Handlung brauchen. Auf dem Fensterbrett hockt eine verkniffen dreinschauende Katze. Von Personal oder Schriftstellern keine Spur.

Eine Zeit lang sitzen wir auf dem grünen, durchgewetzten Sofa und staunen über eine Zeitschleife von mindestens vierzig Jahren, ja staunen darüber, in welcher atmosphärischen Dichte die Sowjetunion in diesem Hause selbst bis ins kleinste Detail überlebt hat. Die Lampen: Tannenzapfen aus Glas, das Porträt in Öl von Wjatscheslaw Tichonow, einem Verfasser kniefälliger Heldenlyrik, die artig geschriebene Hausordnung an der Wand; alles verrät noch dieses seltsame Zusammenspiel aus realer kleinbürgerlicher Enge und mythischem Gesellschaftsbild.

Ein bronchialischer Hustenanfall kündigt von mindestens einem Dritten im Haus. Es dauert noch eine Weile, bis wir ihn dann endlich zu Gesicht bekommen: Fjodor Pawlowitsch, Verwalter im »Haus des Schaffens der Schriftsteller«, angetan in Trainingsanzug und dunkelblauen Collegeschuhen. Schriftsteller, sagt er in bedächtig gesetzten Worten, ja, Schriftsteller seien zwei da. Und eine Familie aus Kasan. Die mache schon einen ganzen Monat Urlaub in Komarowo.

Urlaub machen in Komarowo bedeutet spazieren gehen und schlafen. Ohne Ablenkung. Kein Kino, kein Konzert, kein Café, nur einen Imbiss gibt es neuerdings, gleich beim Bahnhof. Da mischt sich der scharfe Geruch von *schaschlik* in das Fluidum der Luft von Komarowo. Woanders stünden am Bahnhof wahrscheinlich Kutschen und man könnte eine Fahrt machen, mit Decke über den Knien, im Schatten der Bäume könnte es ja frisch werden. Allein die Vorstellung wirkt absurd, hier in Komarowo.

Die Sehenswürdigkeiten sind übersichtlich, die Datscha Dmitrij Schostakowitschs, die Datscha Anna Achmatowas, die legendäre *budka*, in der die Poetessa zahlreiche junge Dichter um sich scharte, die später berühmte Dichter wurden wie etwa der Nobelpreisträger Joseph Brodskij, und das Grab der Achmatowa auf dem Waldfriedhof. Der Rest ist Imagination, Geisterjagd. Und jede Menge Bäume.

»Die Schriftsteller von heute beschweren sich nur in einem fort«, beschwert sich Fjodor Pawlowitsch bei uns. Und um den offenbar kompliziert gewordenen Umgang mit den Hommes des lettres zu bestätigen, kramt er aus einer Schublade in seinem Schreibtisch das Gästebuch des Schriftstellererholungsheimes. »Hier sehen Sie.« Er klappt das Buch auf, zeigt auf einen Eintrag und liest laut vor. »Ich war zwei Wochen hier, es waren furchtbare zwei Wochen. Die Betten schlecht, das Frühstück ungenießbar …« Es folgt eine lange Aufzählung von Missständen. »Sagen Sie selbst, die können doch heute gar nicht mehr schreiben.« Zwingend schaut mich Fjodor Pawlowitsch aus blauen Augen an. Und sieht dabei aus wie einer, der ausziehen will, das übermächtige Unrecht zu bekämpfen. Das Problem, sagt er, sei die Organisation des Hauses. Die städtischen Zuwendungen seien sehr gering, Gäste zahlten nur ein paar Dollar am Tag, wovon also neue Betten kaufen? »Ich habe schon ein Problem, wenn eine Glühbirne in diesem Haus kaputtgeht.« Nach knappen Subventionen sehen die Zimmer dann auch aus, wer hier schreibt, muss gegen Atmosphärisches resistent oder auf eines der letzten ästhetischen Abenteuer des Sozialismus aus sein. Wer kommt noch hierher? Viktor Pelewin, Russlands Starliterat, jedenfalls nicht, von ihm konnte man vor einiger Zeit in der *Literaturnaja gaseta* lesen, dass er Erholung bei innerer Leere im buddhistischen Kloster in Korea suche. Wer von den russischen Autoren also tankt noch die Luft von Komarowo? In der, so scheint es, suchen heute jene Dichter Entspannung vom Dichten, deren Dichtkunst sich im letzten Jahrzehnt der Freiheit als Minusgeschäft erwiesen hat. Was nicht unbedingt an schlechter Dichtkunst liegen muss. Der Moskauer Journalist Gennadij Russkij kam nach dem Besuch in einer Buchhandlung, in der es neben Computern, Schreibwaren und Antiquarischem »ganz nebenbei auch Bücher« gab, zu dem frappierend simplen Schluss: »Die Schriftsteller sind größtenteils nicht mehr gefragt, und zwar keineswegs deshalb, weil sie schlecht wären, sondern deshalb, weil unsere Zeit so ist, wie sie ist.« Mit anderen Worten: Vorbei die Zeiten, in denen die Schriftsteller noch wer waren, eine gesellschaftliche, eine moralische, eine literarische Instanz.

»Früher gab es bei uns Diskussionen.« Der geregelten Unterdrückung nachhängend, den Zeiten, als um Literatur noch gerungen werden musste, zieht Fjodor Pawlowitsch kräftig an seiner Zigarette. Heute diskutiere keiner mehr, heute führten sie alle nur noch Selbstgespräche. Schriftsteller, so Fjodor Pawlowitsch, suchten in Komarowo einfach nur noch einen »warmen Platz«. »Stellen Sie sich einen Kassettenrecorder vor, bei dem sich die Batterien langsam verabschieden. So ist es mit Komarowo.« Und da ist plötzlich dieses kleine traurige Geräusch, als zerplatze etwas, etwas wie eine Blase, die die Luft von Komarowo umschlossen hatte.

Es wird Abend, aber nicht dunkel in Komarowo. Zeit der weißen Nächte, in der alles von durchdringender Klarheit ist. Im »Haus des Schaffens der Schriftsteller« wird der Fernseher noch eine Weile flimmern. Joseph Brodskij schrieb ja einmal davon, dass man schlecht einschlafen könne zur Zeit der weißen Nächte.

Puschkin in Petersburg

Warum sinken alle vor dem Dichter in die Knie?

»Dazu ist der Dichter berufen, uns aus uns herauszunehmen und uns in gereinigter und besserer Gestalt zurückzugeben.«

NIKOLAI GOGOL
über Puschkin

»Ach, Alexander Sergejewitsch, Liebster, warum hast du uns nicht gesagt, was du weißt, gesagt, was du suchtest, bewahrtest und liebtest, was du von dem letzten Herbst hast gewusst.« Was sich anhört wie ein verzücktes Schlusswort eines vor dem Puschkin-Lyrik-Kreis gehaltenen Referates, ist ein Songtext von Jurij Tschewtschuk, Ikone des russischen Rock, Legende der Leningrader Subkultur. Zu dröhnenden Gitarren und hämmernden Bässen rufen Tschewtschuk und seine Band DDT Puschkin um Beistand an in der kalten postsozialistischen McKinsey-Welt. Die Menge im Kulturpalast Lensowjeta auf der Petrograder Seite zuckt und kreischt vor Begeisterung. Tausende Arme schnellen im Takt des Basses über den Massen in die Luft, Tschewtschuk stampft mit nacktem Oberkörper auf der Bühne und windet sich ums Mikro. *Puschkin, eta prosta kaif,* sagt der vom Springen und Fuchteln durchgeschwitzte Typ neben mir, zu Deutsch: Puschkin ist einfach geil.

Überall steht Puschkin. In Parks, vor Schulen, in Metrostationen, nur Lenin hatte es zu einer höheren Dichte an Denkmälern gebracht. Aber die ist ja jetzt empfindlich ausgedünnt worden. »Wir sind gerade dabei, alle Puschkin-Denkmäler in Russland, den Ex-Sowjetrepubliken und Europa aufzulisten. Dafür brauchen wir fünf Bände«, sagt Herr Nekrassow, Direktor des Petersburger Puschkin-Museums. Hier, in seinem Wohnhaus an der Mojka, steht Puschkin im Hof: ein aristokratischer Edelmann, scheinbar mitten im Leben festgehalten, wenn nur der hohe Sockel nicht wäre. Die Postamente für Puschkin sind aber immer hoch, weil sie der hohen Meinung vom Dichter entsprechen. Im Hof seines Hauses also, da sieht der Dichter aus, als wolle er gleich Verse rezitieren, wie er so dasteht mit dem Zylinder in der Hand und sich seinem imaginären Publikum zuwendet. Elf Denkmäler für Puschkin zählte Herr Nekrassow allein in St. Petersburg.

Wo Puschkin ist, da sind auch Bänke. An Puschkin geht man, so sieht es jedenfalls die Choreografie der Denkmäler vor, nicht vorbei. Immer kann man sitzen beim Dichter. Unter Bäumen, zwischen Flieder. Seelenfriedenstätten. Manchmal macht es Puschkin schon vor, wie man sitzen und sinnieren soll, so wie in Zarskoje Selo, da hat Puschkin den Kopf auf dem Ellbogen und den Ellbogen auf der Gartenbank abgestützt, nachdenklich versunken. Eiligen legt die Choreografie der Denkmäler nahe, Puschkin zu umrunden – nahezu alle Standbilder sind architektonisch so angelegt, dass man auf einem Weg drum herum laufen kann. So wie auch beim Ploschtschad iskusstw vor dem Russischen Museum, da steht Puschkin in Bronze, den Blick stolz ins Land gerichtet, den rechten Arm mit der geöffneten Hand ausgestreckt, Antenne und Sendung zugleich. »Der Slawen stolzer Spross!«

Das 19. Jahrhundert hatte damit begonnen, Puschkin landauf, landab Denkmäler zu errichten. Die wahre Puschkin-Denkmal-Schwemme überkam Russland indes, nachdem es sowjetisch geworden war. Zu diesem Zeitpunkt war in Puschkins Figur und Werk so viel hineininterpretiert worden, dass darin auch noch die nationale Institution Puschkin Platz fand. Puschkin, so sah es der offizielle kulturelle Code vor, sollte den Neuen Menschen, die ja nun auch nicht mehr Domino und Karten spielten, sondern Schach, zur Bürgschaft höherer Bildung werden. Seither ist die Liebe der Russen zur Literatur nicht nur sprichwörtlich, sondern auch anschaulich.

Im Stil halten die Puschkin-Denkmäler meist Treue zum Objekt, auch wenn Puschkin dabei nicht gerade immer eine glückliche Figur macht. Dass aber eine maßvolle Zurückhaltung in Größe und Materialmenge stilbildend wurde, ist um so bemerkenswerter, als realsozialistische Künstler gewöhnlich einen Drang nach Größe haben. Bis heute bricht der Wahn des Großen im Skulpturalen durch, man denke nur einmal an den übergewichtigen Turgenjew im Garten der Michailowskij Manege in der Italjanskaja uliza, dessen gerade frisch aufgestelltes Denkmal in Stil und gravitätischer Geste der römischen Klassik nacheifert. Viele Petersburger hätten den Romancier gerne etwas zeitgemäßer gesehen, aber wahrscheinlich sind die Turgenjew'schen Bronzemassen das Ergebnis einer dieser russischen öffentlichen Wettbewerbe, die dann in der Durchführung strengster Geheimhaltung unterliegen. Und wenn es ernst wird mit der Moderne, hat St. Petersburg ja auch so seine Mühen. Puschkin verfremdet? Das würde niemand dulden. Es gab schon Gerangel um die Figur Peters des Großen im Innenhof der Peter-Paul-Festung. Etliche Petersburger gerieten über den dumpfen, ja bösen Ausdruck, den der Künstler Michail Schemjakin dem Stadtstifter angetan hatte, so in Rage, dass sie ankündigten, das Werk zu zerstören. 1991 war das. Inzwischen haben sich die Petersburger zwar an ihren unförmigen Zaren mit den langen Spinnenfingern gewöhnt, aber das ästhetische Empfinden, geschult an der Kunstdoktrin des sozialistischen Realismus, ist dennoch tief beleidigt. Und Blumen hat Schemjakins Zar auch noch nie gesehen. Bei Puschkin liegen immer Blumen, je nach Jahreszeit, Maiglöckchen, Malven, Georginen, Vergissmeinnicht.

Das Wohnungsmuseum Puschkin, sagt der Direktor des Puschkin-Museums, spiele eine einzigartige Rolle im Bewusstsein der Russen. Bei Herrn Nekrassow spielt Puschkin ferner eine einzigartige Rolle im ästhetischen Erscheinungsbild: gleich dem Dichter hat sich der Direktor einen Backenbart angelegt, der Augen, Nase und Mund wie zwischen einem aufgezogenen Vorhang aufscheinen lässt. Und wenn Herr Nekrassow über Puschkin spricht, über seine herbstlichen Spaziergänge durch das »goldene Laub von Zarskoje Selo«, dann könnte man annehmen, er sei nebenher gegangen.

Vor Herrn Nekrassows ausladendem Schreibtisch mit grüner Filzauflage gruppieren sich goldbespannte Sitzmöbel des Empire, die besonders schön mit der goldenen Prunkuhr harmonieren. Bei den Puschkins gegenüber fällt die Eleganz indes etwas bescheidener aus. Das ist nur folgerichtig und spricht für die Logik eines vergangenheitstreuen Settings, war doch der Poet sein Leben lang in Geldnöten; fast wäre daran sogar die Hochzeit mit der schönen, allseits begehrten Natalja gescheitert. Dass Puschkin es trotz chronischer Schulden zu der feinen Adresse an der Mojka brachte, verdankt sich dem traurigen Umstand, dass der Hausherr von Palais Nr. 12, Fürst Sergej G. Wolkonskij, seit dem Scheitern des Dekabristenaufstandes von 1825 in Sibirien Wälder rodete. Weil die Fürstin ihrem Mann in die Verbannung gefolgt war, konnte Freund Puschkin 1836 mit Familie einziehen. Muss eine ziemliche Schlepperei gewesen sein, denn die Bibliothek des Dichters zählt 14.000 Bände. Wahrscheinlich hatte er nicht einmal alle Bücher wieder einsortiert, als sich das Netz infamer Intrigen so eng um ihn zugezogen hatte, dass ihm nur noch ein Duell Ehrenrettung versprach. Die Kugel, die seinen Brustkorb durchschlug, tötete Puschkin nicht gleich; er lag hier im Haus an der Mojka noch drei Tage lang auf dem Diwan in seinem Arbeitszimmer – eine Ewigkeit. Schon damals zeichnete sich ab, dass der Dichter Legende werden würde; die Güte seiner Gedichte, das Hohelied auf die Freiheit und dann dieser heroische Tod – alles Stoff, aus dem Mythen sind. Im Haus musste eine Wand durchbrochen werden, damit die vielen Besucher zum Dichter vordringen konnten. Exakte Zahlen verdanken wir dem damaligen preußischen – wem sonst? – Botschafter: Liebermann zählte fünfzigtausend (!) Menschen, die am Sarg vorüberzogen.

Bestimmt hat Puschkin oft am Fenster seines Arbeitszimmers gestanden und auf die Mojka hinausgesehen, auf die steifen Stadtpaläste des Adels am gegenüberliegenden Kanalufer, die ihn zur Strenge der Form ermuntert haben mögen. Man selbst fühlt sich dagegen etwas formlos in diesen mindestens fünf Nummern zu großen Filzpuschen, mit denen man zu Hause bei Puschkin über das glänzende Empireparkett schlittert.

Der Mythos Puschkin wird im Museum, das die Achmatowa zum »Heiligtum fürs Vaterland« weihte, mit Dingen aus Dichterbesitz genährt: die Entenfeder, mit der Puschkin schrieb, sein Brieföffner, die Visitenkarte, die Uhr.

Stichwort Uhr. Es gibt viele Uhren im Puschkin-Museum und es gibt den Willen zum Sieg über die Zeit, es gibt die Uhr, die immer auf 14.45 Uhr steht, auf Ende, und viele Uhren, die laut dagegenticken und zur halben und vollen Stunde schlagen.

In jeder russischen Stadt gibt es eine Puschkinstraße, der nach Puschkin benannte Platz fehlt meist auch nicht. Die Puschkinskaja uliza in St. Petersburg, eine Seitenstraße des Newskij, ist einer dieser charakteristischen Häuserkorridore St. Petersburgs, dessen bürgerliche Fassaden schon vor hundert Jahren die Mietskasernen zu camouflieren hatten, und es gäbe nichts weiter über sie zu sagen oder zu schreiben, wenn nicht die künstlerische Avantgarde Leningrads dieser Straßenschlucht ein Künstlerhaus abgeknapst hätte. Haus Nr. 10, aus dem die Mieter längst ausgezogen waren, dämmerte Jahr um Jahr seinem unrühmlichen Ende als Ruine im Zentrum entgegen, als quertreibende Künstler das heruntergekommene Geviert um einen Innenhof besetzten. 1989 war das, da liefen *Glasnost* und *Perestroika* auf Hochtouren und schon nicht immer in die Richtung, die von oben vorgegeben wurde. Rund einhundert Künstler und Musiker waren schnell zur Stelle, taten das Nötigste, um das Haus vor dem Einsturz zu bewahren und kamen endlich an ihr lang ersehntes Atelier. Der inzwischen berühmte Petersburger Künstler Richard Wasmi hatte schon dreißig Jahre gemalt, bevor er erstmals in der Puschkinskaja 10 einen eigenen Raum dafür zur Verfügung hatte. Den gab es natürlich auch nicht umsonst, schon gar nicht ohne Umstände – jahrelang mussten sich die Partisanen der Petersburger Kunstszene mit den Behörden und der Obrigkeit herumschlagen, um das besetzte Terrain zu halten. Inzwischen ist das Alternative zum Etablierten ausgereift: die Puschkinskaja 10 wurde ein *Kulturnyj zentr* und vereinigt noch etwa vierzig Künstler sowie fünf Galerien und Museen, zwei Verlage und das Art-Café unter einem Dach im Hinterhaus. Am toprenovierten Vorderhaus lässt sich an glänzenden Messingschildern ablesen, dass sich auch der Unternehmergeist in St. Petersburg zunehmend in überkommenen Formen etabliert. Der Eingang zur Puschkinskaja 10 liegt inzwischen am Ligowskij prospekt 53, doch blieb man der alten Adresse – nicht nur dem Namen nach – immer treu. »Puschkin steht für die freie Äußerung des Geistes«, sagt der Maler Sergej Kowalskij, einer der Begründer des Kulturzentrums – des »ersten freien Kulturzentrums in Russland« präzisiert er die historische Dimension des ganzen Unternehmens.

Da, wo Puschkin sich am Schwarzen Flüsschen im Januar 1837 mit dem Gardeoffizier Georges d'Anthès duellierte, steht ein Obelisk gleich einer Mahnwache. Der Ruhmespfeiler wurde anlässlich des hundertsten Todesjahres Puschkins errichtet, im Jahr 1937, dem Jahr des »Großen Terrors«, als das stalinistische System gerade dabei war, die weltstädtisch geprägte Petersburger Elite auszumerzen. Während der NKWD wütete, bot Stalin alle kulturelle Kraft für Puschkin auf, kehrte ein wahrhaftes kulturelles Erbe hervor, um so etwas wie Kontinuität zwischen dem Heute und dem Gestern zu etablieren. Das Volk wurde eingesponnen in eine triviale Puschkin-Mythologie, in eine großspurige, vermeintlich erhabene Commonsense-Ästhetik, die sich in markigen Huldigungen an den lyrischen Genius erging.

Auf den zerbrochenen Platten um das Denkmal der Trauer hopsen zwei Mädchen im Kreis. Ihre Mutter sagt, sie liebe Puschkin, weil er so schöne Briefe geschrieben habe. »Ich frage mich immer, warum hat mir nie ein Mann solche Briefe geschrieben?«

»Vielleicht verehren wir Puschkin so, weil er so gut auf den Parnass einer tragischen Literaturgeschichte passt.« Die *puschkinistka* Ljudmila Iwanowna redet langsam, fast feierlich. Weit mehr als ihr halbes Leben hat sie Puschkin gewidmet, seit 35 Jahren arbeitet sie im Institut für russische Literatur, das sich bis 1917 ausschließlich mit Puschkinologie befasst und die Herausgabe von Puschkins Werken betrieben hat. Auch die Chronik von Puschkins Vita wurde in dem gelb-weißen Palais an der Newa erarbeitet. Jeder Tag im kurzen Leben des Dichters ist notiert, alles dokumentiert, wohin Puschkin gereist ist, wen er getroffen, was er geschrieben hat, wer einen Brief von ihm erhielt, woran er erkrankt war – vier Bände, die den Abstand zum Poeten möglichst gering halten. »Ich weiß mehr über Puschkin als über mich selbst«, sagt Ljudmila Iwanowna und sieht dabei ganz so aus, als sei das mit dem Essential Puschkin in ihrem Leben schon alles so in Ordnung.

Ruft man Alexander Sergejewitsch (Puschkin) in die russische Seele, tönt es vielstimmig heraus: Genie, Heimat, Morgenröte, Sonne der Poesie, Russland, Schicksal – Puschkin kitzelt aus den Russen alles Pathos heraus, dessen sie fähig sind. Und das ist beileibe nicht wenig. Goethe, Dante oder Shakespeare können von solcher an Anbetung und Verzückung grenzenden Liebe der Landsleute nur träumen. Mag sein, dass sie hier an der Newa, der »prachtvollen, majestätischen Newa«, wo sich, glaubt man Joseph Brodskij, die Imagination so leicht wie nirgendwo sonst in Russland von der Realität löst, sehr viel mehr in romantischen, gleichsam literarischen Kategorien denken. Mag sein, dass die literarischen Kategorien für die Petersburger immer wichtiger waren als die rationalen, die mathematischen ihrer Stadt. St. Petersburg ist jedenfalls voll von lyrikschwangeren Typen, die jedes Haus in der Stadt kennen, jeden Baum, jede Straße, die irgendeine Beziehung zu Puschkin haben. Sein pralles Leben, seine schnellen, selbstverständlichen Rollenwechsel zwischen Dichter und Mann von Welt, zwischen einsamem Melancholiker und Gesellschaftslöwen, Familienvater und Verführer ist bis heute die ständig präsente Folie alles Idealen und Wünschbaren geblieben. Puschkin liebt man als Dichter und als Mensch. Alle in Russland, ob Intellektueller oder Bauer, Gauner oder Politiker, scheinen Puschkin zu lieben und jenseits aller offiziell verordneten Puschkinverehrung im Land liebt ihn jeder auf seine Weise, etwa dafür, dass er Gedichte über die Freiheit schrieb, die in Russland bekanntlich immer frisch blieben, nie angestaubt wirkten, dafür dass er mit seinem Poem »Der eherne Reiter« die großartigsten

Verse schrieb, die besten zum Ruhme St. Petersburgs, oder weil seine Gedichte immer Wunder blieben in bleicher Gegenwart und etwa so funktionieren, als mache man an einem hellen, klaren Tag alle seine Sinne auf – ach Puschkin, wie von dir schreiben ohne ins Schwärmen zu geraten?

Wladimir Nabokow, auch er ein Petersburger, vergab einmal in hinreißender Arroganz Noten an die russischen Dichter, Puschkin kam gut weg und bekam eine fünf, nach russischem Notenspiegel die beste Zensur.

Zarskoje Selo, St. Petersburgs so genanntes »Zarendorf«, besucht alle Welt wegen Rastrellis Katharinenpalast – zweifellos grandioser barocker Formenzauber – und seinem Bernsteinzimmer, das pünktlich zum Gründungsjubiläum St. Petersburgs in einem ehrgeizigen Kraftakt rekonstruiert wurde und wieder in honiggelbem Glanz erstrahlt. Das »achte Weltwunder« war 1941 von der Wehrmachtstruppe Nord demontiert und in 27 Kisten ins Königsberger Schloss abtransportiert worden, wo sich jede Spur verliert. Zwei Stücke waren 1997 überraschend in Bremen aufgetaucht; zwei Originale, eine Kommode und ein Florentiner Mosaik, an denen sich ablesen lässt, wie sehr es den Restauratoren und Juwelieren im Katharinenpalais gelungen ist, eine der letzten großen Narben des Krieges in Zarskoje Selo bis zur Unkenntlichkeit zu retuschieren.

Russen zieht es nach Zarskoje Selo – neben aller Bewunderung für die Reichtümer ihrer Zaren vor allem auch wegen Puschkin. Zarskoje Selo ist altes Puschkin-Pilgerland. Schulklassen, Fabrikbelegschaften, Lehrerkollegien, jeder Sowjetbürger wurde irgendwann in seinem Leben einmal an den Ort gekarrt, der Puschkin zum Dichten gebracht hat. In einem Flügel des Katharinenpalais liegt das Kaiserliche Lyzeum, die »dreigeschossige Arche«, in der Puschkin die Schulbank drückte. Zimmer Nr. 14 im dritten Stock ist das Heiligtum des Museums, Puschkins Zimmer, aus dem der Blick auf die goldbekuppelte Schlosskirche fällt. Musste man so viel Schönheit nicht mit Versen antworten, die das goldene Zeitalter der russischen Poesie einleiteten?

Vom Lyzeum wallfahren die Puschkin-Gläubigen weiter zum Datscha-Museum, ein nach dem Eindruck des prunkstrotzenden Palastes noch schlichter wirkendes Holzhaus am Katharinenpark, in dem Puschkin den ersten Sommer nach seiner Hochzeit verbrachte und den berühmten Brief Jewgenij Onegins an Tatjana schrieb, der in der Schule meist auswendig zu lernen ist – gleich nachdem man den Brief Tatjanas an Onegin deklamieren kann. 1937, zum hundertsten Todestag, hatte man den Ort rund um den Palast der Einfachheit halber gleich »Puschkin« genannt, da wusste man ohne Umschweife, wo man hinfuhr.

Heute heißt das Städtchen längst wieder Zarskoje Selo, aber die Petersburger sagen immer noch Puschkin, die einen aus Gewohnheit, die anderen, weil es dem Ort zur Ehre gereicht, nach Puschkin benannt zu sein. Was sind schon die Zaren gegen Puschkin?

Majakowskij, der sein polterndes Pathos der Revolution geliehen hatte, bekam eine Metrostation in St. Petersburg, ebenso Dostojewskij, der realsozialistische Gorkij und Puschkin natürlich. Im Juni 1955 war die Puschkinskaja fertiggestellt, im Stil des frühen 19. Jahrhunderts. Donnernd rasen petrolgrüne Züge im Zwei-Minuten-Takt, der jeden Fahrplan ad absurdum führt, in der Puschkinskaja ein und spucken Menschen zwischen marmornen Wänden zu Füßen des Dichters aus. Nur ein Augenblick Puschkin in Bronzeguss, bevor einen die Welt draußen wieder hat. In der erlebte ein Freund einmal folgende Geschichte: Beim Einkauf in einem Supermarkt stand ein ziemlich heruntergekommener Betrunkener vor ihm an der Kasse. Er stellte nur eine Flasche Wodka auf dem Fließband ab, die langsam zur Kassiererin vorruckte. Als sie den Preis eingetippt hatte und wartete, dass der Mann endlich Geld hervorholen würde, sagte er, dass er nichts mehr hätte. Darauf die Verkäuferin: »Wer zum Teufel soll denn dann für dich bezahlen? Etwa Puschkin?«

Nachsatz

Einige der in diesem Buch gesammelten Reportagen wurden als Radiobeiträge beim *Bayerischen Rundfunk* und beim *Westdeutschen Rundfunk* gesendet.